꿈

삶과 죽음을 바라보는 티베트 사람들의 지혜

단정자춰 지음 | 성진용 옮김

초미

꿈
삶과 죽음을 바라보는 티베트 사람들의 지혜

처음 낸 날 | 2003년 6월 5일

지은이 | 단정쟈춰
옮긴이 | 성진용
펴낸이 | 홍현숙

편집 | 강용운, 조인숙

펴낸곳 | 도서 출판 호미
등록 | 1997년 6월 13일(제1-1454호)

주소 | 서울 마포구 서교동 339-4 가나 빌딩 3층
편집 | 02-332-5084
영업 | 02-322-1845
팩스 | 02-322-1846
이메일 | homipub@hanmail.net

표지와 본문 디자인 | 끄레 어소시에이츠

ISBN 89-88526-23-6 03810
값 | 8,000원

ⓒ 丹增嘉措, 2003

이 책이 나올 수 있도록 도움을 주신 이문재 님에게 감사드립니다.

꿈

삶과 죽음을 바라보는 티베트 사람들의 지혜

길잡이

이 책에서 단정쟈춰 스님은 '꿈'이라는 주제를 중심으로 티베트 불교의 세계관이 담겨 있는 많은 이야기를 풀어 놓습니다. 어쩌면, 티베트 불교의 가르침을 따로 접해 본 적이 없는 분들에게 이 책이 좀 어렵게 느껴질지도 모르겠습니다. 그것은 내용이 어려워서라기보다, 다만 익숙하지 않기 때문일 터입니다.

그래서 여기에 간략하나마 길잡이 글을 마련했습니다. 티베트 불교의 가르침 가운데 이 책 「꿈―삶과 죽음을 바라보는 티베트 사람들의 지혜」와 관련해 미리 훑어보아 조금이라도 도움이 되기를 바라는 마음입니다.

삶과 죽음, 그리고 중음
아마, '티베트 불교'라고 하면 많은 분이 「티베트 사자의 서」라는 책을 먼저 떠올릴 것입니다. 아울러

길잡이

제목 속의 '사자死者'라는 말이 주는 느낌으로 말미암아 '죽음'을 함께 떠올릴지도 모르겠습니다. 말할 나위 없이 「티베트 사자의 서」는 죽음에 관한 책입니다. 더 정확히 말하면, '중음中陰에서 듣고 이해하여 바로 그 자리에서 해탈에 이르게 하는 책'입니다.

여기서 중음이라는 것은 죽음의 과정을 말합니다. 「티베트 사자의 서」는 죽음의 과정에 들어선 사람에게 읽어 주는 책입니다. 죽어 가는 바로 그 자리에서 해탈에 이르도록 도와 주는 것입니다.

중음은 여러 가지 말로 달리 쓰이기도 합니다. 이를테면 '중간中間'이라고도 하고, '중유中有'라고도 합니다. 티베트 말로는 이것을 '바르도bardo'라고 합니다. 바르도는 '틈'이라는 뜻인데, 죽음과 다시 태어남 사이의 기간과 과정을 일컫습니다. 그러나 티베트 불교에서 이야기하는 중음은 훨씬 넓은 뜻을 그 안에 품고 있습니다.

길잡이.

중음의 여러 단계

이 책에는 '임종臨終 중음'과 '법성法性 중음'이라는 말이 나옵니다. '임종 중음'은 죽음의 첫 단계로, 우리네 몸의 생명을 이루고 있던 기본 요소들이 해체되어 사라지는 과정입니다. 법성 중음은 임종 중음에 이어지는 과정으로, 우리의 본성이 그 모습을 드러내는 단계입니다. 앞의 임종 중음 단계는 다른 사람들의 사망 과정을 지켜보거나 의학적인 검사 방법을 통해 우리도 웬만큼은 이해할 수 있는 부분이지만, 이 법성 중음 단계는 살아 있는 우리로서는 인식하기 어려운 부분이 아닐까 싶습니다. 티베트 불교에서는 몸 생명을 이루고 있던 요소들이 해체되고 나면 법성 중음의 단계에서 빛·소리·색깔의 양상으로 사람의 본성이 드러난다고 이야기합니다.

법성 중음에 이어지는 단계가 '수생受生 중음'입니다. 수생 중음은 죽은 이가 다시 태어날 때까지 저승에서 생활하는 기간인데, 그 최대 기간이 49일이라고 합니다. 이에 따라 불교에서는 사람이 죽은 지 49일째 되는 날에 좋은 곳에서 다시 태어나기를 기원하는 사십구재를 지냅니다.

길잡이

임종 중음과 법성 중음과 수생 중음, 이 세 단계는 죽음과 다시 태어남 사이의 기간입니다. 한 마디로 '사람이 죽을 때부터 죽은 동안까지'입니다. 이것이 중음이라는 말의 기본 뜻입니다. 그러나 앞에서 소개한 대로, 중음은 하나의 과정입니다. 티베트 불교에서는 죽음과 다시 태어남 사이를 하나의 중음으로 보는 것처럼, 다시 태어남과 죽음 사이 또한 하나의 중음으로 봅니다. 다시 태어남과 죽음 사이, 그것은 바로 이승 곧 이 세상에서의 삶입니다. 이를 일컬어 '자연自然 중음'이라고 합니다.

꿈과 삶과 죽음은 따로 있지 않다

이 책에서 단정쟈춰 스님은 잠드는 과정이 죽음의 과정과 다르지 않다고 이야기합니다. 죽음의 첫 단계, 즉 임종 중음에서 몸 생명을 구성하는 기본 요소들이 해체되듯이, 잠의 첫 단계에서도 우리 몸의 활동이 완전히 멈추는 것은 아니지만 죽음과 비슷한 휴식 상태에 들어가고, 죽음의 법성 중음에서 나타나는 빛 현상들이 잠들기 과정에서도 나타나며, 죽음의 수생 중음에서 죽은 이가 '의식의 몸(意

形身)'으로 그 동안의 업력과 습기에 매인 채 저승에서 활동하듯이, 잠 속에서도 우리는 의식의 몸으로 업력과 습기의 영향 속에서 여러 가지 꿈을 만들어 냅니다.

티베트 불교에서는 또 우리의 의식과 정서 활동, 그리고 일상 생활에서도 죽음의 과정에서 나타나는 임종 중음과 법성 중음과 수생 중음의 단계가 되풀이된다고 설명합니다. 곧, 어떤 정서나 의식 상태가 차츰 안정되어 사라져 가면서 우리네 본성 속으로 녹아 들어가는 과정이 임종 중음의 상태고, 그 뒤 우리가 우리네 본성을 자각하고 거기에 안주하고 있는 상태가 법성 중음의 단계며, 이 상태에서 어떤 사물에 집착이 생기면서 의식과 정서 활동이 일어나기까지가 수생 중음의 단계라는 것입니다.

이렇다고 볼 때, 잘 깨달아서 생사 윤회의 온 과정을 한눈에 담을 수 있는 사람에게는 삶과 죽음이 따로 있지 않을 것입니다. 한 생각이 일어났다가 사라지는 과정부터 잠들었다가 깨는 과정, 그리고 죽었다가 살아나는 과정까지 생사 윤회의 온 과정이

'소멸-본성의 빛-탄생'이 수도 없이 되풀이하여 일어나는 동질의 과정으로 보일 테니까요.

다만 여느 사람들은 한 생각이 일어났다가 사라지고 다른 생각이 일어나는 그 사이의 틈을 알아차리지 못합니다. 이런 사람들은 저희의 본디 면목, 즉 본성을 알아차리지 못하고 쭉 무명無明 상태에 머뭅니다. 잠들기 과정에서도 마찬가지입니다. 이 책 「꿈」에서 "여느 사람들은 잠이 드는 과정에서 이 빛 현상(법성 중음)이 나타나도 아무 감각이 없습니다."라고 이야기하는 것처럼 말입니다. 하물며 죽음의 과정에서 빛 현상이 나타나는 것을 제대로 인식하기는 훨씬 어려운 일일 터입니다. 한 마디로, 생사 윤회의 온 과정에서 본성이 출현하는 단계는 고스란히 놓친 채 물질로 드러나서 눈에 비치는 껍데기 단계만 보고 그것이 삶의 진면목인 줄 아는 셈입니다.

그러므로 티베트 불교에서는 생사 윤회의 온 과정을 정확히 이해하고, 각 중음 단계에 필요한 채비를 갖추어야 한다고 강조합니다.

길잡이

해탈로 이끄는 티베트 불교의 가르침

 앞에서 잠깐 살펴본 대로 티베트 불교는 우리네 생사 윤회의 온 과정을 상세히 나누고, 그 하나하나에 관해 속속들이 설명합니다. 또 티베트 불교는 죽음과 관련된 가르침, 곧 각 단계의 죽음을 맞이하는 방법에 관해서도 소상히 전해 주고 있습니다. 「티베트 사자의 서」가 그렇고, 이 책 「꿈」 또한 마찬가지입니다. 「티베트 사자의 서」가 죽음을 맞이하는 방법을 가르쳐 주는 책이라면, 「꿈」은 우리가 살면서 꾸는 꿈을 다스리는 방법을 알려 주는 책입니다. 이렇게 생사 윤회의 각 단계를 빈틈없이 이해하고 거기에 맞추어 대비함으로써, 끝없이 되풀이되는 생사 윤회를 끊어 버리고 해탈에 이를 수 있다는 것이 티베트 불교의 매우 중요한 가르침입니다.

차례

길잡이 5

1. 머리말 14

2. 꿈은 어떻게 만들어지나 18

3. 꿈을 어떻게 다스릴까 32

   꿈 알아차리기 33

   꿈 바꾸기 38

   광명 꿈 49

4. 꿈 여행 이야기 56

   눈물, 죽음 세계 57

   불국토와 극락 세계 84

   시공을 초월한 여행 90

   새로이 펼쳐지는 세계 — 도솔천 104

5. 전생으로 가기 114

6. 앞일 내다보기 124

7. 마음 모아 기도하기 144

8. 재난 막기 148

9. 맺음말 152

옮긴이의 말 157

1. 머리말

꿈은 이제 온 세계 사람들의 뜨거운 관심사가 되었습니다.
특히 사람들은 눈 덮인 고원에 뿌리 내린 티베트 불교에 많은
눈길을 주고 있습니다. 왜냐하면 티베트 불교에서
오랜 세월 동안 전해 내려온, 꿈과 관련된 이론과 실천이
보기 드물게 아름답고 보배롭기 때문입니다.

요즈음, 정신 세계를 다시 세워야 한다는 말을 자주 듣습니다. 제가 이제부터 하는 꿈에 관한 얘기는 정신 세계를 다시 세우려는 여러 움직임 가운데서도 신선들이 사는 곳에서나 있음직한 진귀한 것입니다. 과학자와 심리학자 그리고 정신 분석학자들의 관심이 날로 높아지면서, 연구자들은 과학적인 방법에 종교의 이론과 경험을 결합해서 꿈 속에 깃들인 비밀을 캐내는 일에 대거 나서고 있습니다.

정신 세계를 연구하는 이들은 신비주의 색채를 띠고 있는 꿈 속에 엄청난 창조력이 갈무리되어 있다는 사실을 알아 냈습니다. 전문가들은 꿈 속 세계를 다스림으로써 심리적이거나 생리적인 상처를 치료하고, 인생관과 가치관을 개선하며, 나아가 전생을 살펴보기도 합니다. 꿈에 관한 연구는 이미 여러 영역에서 두드러진 진전을 이루었습니다. 꿈은 이제 온 세계 사람들의 뜨거운 관심사가 되었습니다. 특히 사람들은 눈 덮인 고원에 뿌리 내린 티베트 불교에 많은 눈길을 주고 있습니다. 왜냐하면 티베트 불교에서 오랜 세월 동안 전해 내려온, 꿈과 관련된 이론과 실천이 보기 드물게 아름답고 보배롭기 때문입니다.

1. 머리말

지금으로부터 천이백여 년 전 인도의 파드마 삼바바(蓮花生) 대사가 티베트 땅에 '육중음 인도법 六中陰引導法'을 전해 주었습니다. 그 속의 '몽경중음 수법夢境中陰修法'과 관련된 여러 가르침이 꿈 연구의 효시인 셈입니다.

여기에서 비롯한 뛰어난 가르침들이 불교 각 종파의 큰스님들에게 비밀리에 전해지고, 이것이 오늘까지 쭉 이어져 내려오고 있습니다. 그러나 역사와 지리상의 문제로 히말라야 지역이 바깥 세상과 오래도록 격리되어 있던 까닭에, 이 귀중한 불교 문화 유산이 사람들에게 제대로 알려지지 않았습니다.

이제는 시대가 바뀌어 통신과 교통 수단이 빠르고 편리해져서 세상이 날로 좁아지고 있습니다. 나라 안팎의 교류가 잦아짐에 따라 각 지역의 문화가 하나로 어우러져 가는 큰 흐름 속에서, 비밀리에 전해 오던 티베트 불교 또한 온 세계 사람들을 끌어들이고 있습니다. 불법佛法은 오랜 세월에 걸쳐 축적된 이론과 실천으로 과학 연구의 시야와 사고의 폭을 넓혀 주고 있습니다. 불교의 가르침은 또 과학의 응용 범위를 확대시켜 주고, 무엇보다 사람의 마음을 깨끗하게 하며 인류에게 복을 줍니다.

1. 머리말

저는 꿈 전문가들과 함께 연구하고 토론하기 위해서, 그리고 더욱 중요하게는 참되이 불법을 닦는 이들에게 도움을 주기 위해서, 티베트에서 전해 내려오는 역대 큰스님들의 꿈에 관한 이론 자료와 전수 기록들을 바탕으로 꿈과 관련된 지혜며 지식과 몇 가지 수행 방법을 풀어 놓으려고 합니다. 그러나 제 능력이 모자랄 뿐 아니라 배운 것이 깊지 않고 실제로 경험한 바도 많지 않아서, 감히 이야기를 꺼내기가 조심스럽습니다. 올바른 길로 이끌어 주시기를 큰스님들께 간절히 바랍니다.

2. 꿈은 어떻게 만들어지나

잠은 죽음과 그 과정이 매우 비슷합니다.
자연사를 비롯하여 사람들이 정상적으로 죽어 가는
모습을 살펴보면, 서서히 잠겨드는 과정,
이른바 '은몰 과정'을 으레 거칩니다.

꿈이 생기는 바탕은 잠입니다. 꿈을 꾸게 되는 과정을 살펴보기에 앞서 근원을 더듬어 올라가서 '잠'에 관한 이야기부터 하겠습니다.

잠은 죽음과 그 과정이 매우 비슷합니다. 자연사自然死를 비롯하여 사람들이 정상적으로 죽어 가는 모습을 살펴보면, 서서히 잠겨드는 과정, 이른바 '은몰隱沒 과정'을 으레 거칩니다. 여기서 서서히 잠겨든다는 것은 몸을 구성하는 지地·수水·화火·풍風·식識, 이 다섯 가지가 앞에 있는 것부터 차례대로 녹아들면서 사라져 가는 과정을 말합니다. 이런 죽음의 과정과 마찬가지로, 사람들이 잠에 빠져들 때에도 이 다섯 가지가 차츰 사라지면서 잠겨드는 미묘한 은몰 과정을 거칩니다.

먼저, 머리가 가볍게 밑으로 떨어지는 무게감이 생깁니다. 어떤 사람들은 저도 모르게 입에서 침을 흘리는데, 이것은 지地가 녹아서 수水로 들어가는 것입니다. 그 다음 차츰 혼미 상태로 빠져들면서 이마에 미열微熱이 생기고 눈이 감겨 눈꺼풀이 움직이지 않습니다. 이것은 수水가 녹아 화火로 들어가는 것입니다. 이어서 생각이 몽롱해지면서 깊이 내려앉아 완만해지고, 호흡이 뚜렷해지면서 고르게 바뀝니다. 이것은 화火가 풍風으로 녹아드는 것입니다. 그 다음 빛·소리·냄새·맛 감각을 지각하는 오식五識이 의식으로 녹아들고, 의식은 다시 현세現世를 비롯하여 오랜 세월 윤회를 통해 쌓인 모든 앎(識)의 씨앗이 포함되어 있는 아뢰야식阿賴耶識─유식론唯識論에서 말하는 정신계의 가장 깊은 층에 있는 식識. 현상계의 사물을 인식하는 작용으로, 사람이 생각하는 모든 것은 그 안에 갈무리된다─으로 녹아들면서 몸과 마음이 모두 깊은 수면 상태에 들어갑니다. 이것이 곧 풍風이 식識으로 녹아드는 것입니다. 마지막으로 어떤 분별의 생각도 없고, 아무것도 없는 허공 같은 기운 속으로 깊이 빠져듭니다. 이것이 식識이 광명光明 속으로 녹아드는 것입니다.

만일 여기서 말하는 광명을 꿈 속에서 명확히 인식할 수 있다면, 그것은 임종 때에 나타나는 광명일 가능성이 높으니 잘 구별해야 합니다. 아직 꿈 수련법을 접하지 않은 사람들은 식이 광명으로 녹아들 때쯤이면 잠에 깊이 빠져 들어가서 아무 감각이 없으므로 광명을 인식할 수 없습니다.

2. 꿈은 어떻게 만들어지나

 또 사람마다 몸과 생명의 근본을 이루는 요소들의 기질에 차이가 있어서 차츰 잠겨드는 은몰 상태로 들어갈 때, 꿈이 나타나는 시간의 앞뒤와 은몰 과정이 교차하는 상황에는 얼마쯤은 차이가 있습니다.

 이 밖에도 사람이 죽어 가는 과정에서는 흔히 '백·적·흑광 현상'이 나타납니다. 죽을 때와 마찬가지로 사람이 잠에 빠져들 때에도 미묘한 백·적·흑광 현상을 거칩니다. 그러나 여느 사람들은 잠이 드는 과정에서 이 빛 현상이 나타나도 아무 감각이 없습니다. 꽤 특별한 사람들만이 백·적·흑광 현상을 명확히 느낍니다.

 챠오메이 린포체는 서른여섯 살 때 겪은 일을 이렇게 돌아봅니다.

 그 때 나는 몸이 아주 약했다. 날마다 밤이 되면 정신 없이 잠만 잤다. 어느 날 깊은 밤에 참 희한한 일이 생겼다. 잠이 든 것 같기도 하고 깬 것 같기도 한 때에 눈앞에서 검은 그림자가 어렴풋하게 흔들렸다. 너무 무서워 몸이 벌벌 떨렸다. 그런데 갑자기 귓가에 이상한 소리가 들려오기 시작했다. "웅 웅 웅 우르르……" 무엇이라 표현하기 어려운 기묘한 소리였다. 나는 공포를 덜어 내기 위해 곧바로 자세를 고치고 수행에 들어갔다.

그러나 별 도움이 되지 않았다. 내 마음을 살펴볼 수밖에 없었다. 나는 공포의 근원을 찾아 내 마음을 가만히 들여다봤다. 바로 그 때, 눈앞에 한 줄기 밝고 맑은 빛이 나타났다. 마치 창살 안으로 비치는 달빛 같았다. 나는 그것을 대뜸 백광 현상으로 받아들였다. 내가 이미 죽었다는 생각에 두려움이 더욱 짙어졌다. 나는 다시 마음속의 모든 것을 내려놓고, 내 마음을 공포라는 그 생각 위에 담담하게 얹어 놓았다. 그러자 마음속의 두려움이 금세 사라졌다. 이번에는 눈앞의 것이 붉게 빛나는 현상, 곧 적광 현상이 나타났다. 다시 공포가 밀려들었다. 나는 다시 '담담히 얹어 놓는' 방법으로 두려움을 풀었다. 이어서 전에는 느껴 본 적이 없는 무지근함이 몸과 마음에 밀려왔고, 나는 그것이 흑광 현상임을 직감했다. 그 때 나는 몸을 전혀 움직일 수 없었는데, 느닷없이 내부 깊은 곳에서 어떤 느낌이 일었다. 지금 일어나는 모든 것이 죽음의 현상이 아니라 꿈의 세계에서 나타나는 것이라는 느낌이었다. '그렇다면 나는 반드시 잠에서 깨어나야 한다.' 나는 온 힘을 다해 잠에서 깨어나려 애썼다.

 어충 린포체 또한 비슷한 경험을 얘기합니다. 그는 어렸을 때에 할머니의 보살핌을 받았습니다. 잠도 할머니의 따뜻한 품 속에서 잘 때가 많았습니다. 어충 린포체는 그 때의 상황을 이렇게 돌아봅니다. 겨우 한 살이었을 때의 일입니다.

 밤에 할머니 품 속에서 자고 있는데, 귓가에서 "우르르!" 하고 벼락치는 소리가 들려왔다. 그러더니 눈앞에 갑자기 밝은 빛이 나타났는데, 마치 햇빛이 하얀 설산에 반사되는 것 같았다. 그 빛은 아주 맑고 밝아서 눈이 다 부셨다. 흰빛이 갑자기 붉은빛으로 바뀌었다. 마치 한 조각 저녁놀이 붉게 타오르는 듯했다. 나는 갑자기 숨이 막힐 것 같았다. 그런데 다시 남빛이 소용돌이치며 흰빛을 휘감았고, 붉은빛이 그 빛을 따라 안으로 빨려 들어갔다. 그 순간 하도 가슴이 답답해 졸도해 버렸는데, 얼마 뒤 깨어 보니 밝디 밝고 텅 비어 아무런 분별도 없는

2. 꿈은 어떻게 만들어지나

그런 곳에 내가 있었다.

이어서, 백·홍·황·남·녹색의 다섯 가지 빛이 사방에 넘쳐흘렀다. 참으로 아름답고 찬란한 빛이었다. 빛줄기들이 그 복판에 아주 빽빽하게 뭉쳐 있는 것 같았고, 주변에는 크고 맑고 영롱한 작은 점 모양의 빛들이 셀 수 없이 많은 광선을 주변으로 뿜어 내고 있었다. 나는 몹시 두려웠다. 할머니를 불렀다. 할머니는 서둘러 불을 켜고 나를 바라보며 말하였다.

"무서워하지 마라. 봐라! 아무것도 없잖니."

위의 두 가지 이야기를 분석해 보면 한 가지 결론을 얻을 수 있습니다. 사람에 따라 조금씩 차이는 있을지언정 잠에 빠져들 때 누구에게나 백광·적광·흑광 이 세 가지 현상이 나타난다는 것입니다. 큰 틀에서 보면 앞의 두 이야기는 매우 비슷합니다. 그러나 조금만 더 자세히 비교해 보면 많은 차이가 있음을 알게 됩니다. 먼저, 첫 번째 이야기에서는 백광·적광·흑광 이 세 가지 과정이 다 끝나지 않은 채 잠에서 깨어났습니다. 두 번째 이야기에서는 세 가지 현상이 모두 끝난 뒤에 아주 밝고 텅 비어 아무런 분별이 없는 경지로 들어갔습니다. 더 나아가서 법성 중음

2. 꿈은 어떻게 만들어지나

이 출현할 때 나타나는 현상과 비슷한, 아름답고 찬란한 빛과 힘의 현상 속으로 들어갔습니다.

지금까지 '은몰 과정'과 '백·적·흑광 현상'을 잠깐 살펴봤습니다. 이 두 가지는 모두 죽음의 과정에서 나타나는 현상입니다. 그런데 잠이 드는 과정에서도 거의 같은 현상들이 따릅니다. 이론적으로 말하면 이 두 가지 현상이 출현하는 데에 일정한 순서가 있음직합니다. 그러나 「수행 명등론修行明燈論」에서 밝힌 것처럼, 실제로 이 두 가지 현상이 나타나는 데에 일정한 규율은 없습니다. 어쨌든 은몰 과정과 백·적·흑광 현상은 모두 아뢰야식 속으로 녹아듭니다. 아뢰야식 또한 마지막에는 광명 속으로 녹아듭니다. 그러나 여느 사람들은 광명으로 들어가는 실오라기처럼 미세한 이런 과정을 감지할 방법이 없고, 계속 아뢰야식의 상태 속에 머뭅니다.

이렇게 잠에 관한 몇 가지 기본 지식을 챙기고 나면, 꿈이 어떻게 생겨나는지 한결 잘 살필 수 있습니다. 앞에서 알아본 대로 잠이 들 때에 우리는 죽음의 과정에서처럼 은몰 과정과 백·적·흑광 현상을 거쳐 아뢰야식의 상태에 이릅니다. 꿈의 생성에 관한 이야기는, 현생에서만이 아니라 그 동안의 윤회 과정에서 쌓인 모든 앎의 씨앗을 품고 있는 아뢰야식 상태, 바로 여기에서 시작됩니다.

인도의 샌다보르 대사는 꿈이 생기는 과정에 관해 이렇게 말합니다.

"아뢰야식이 우리 무의식 속에 축적되어 있는 어떤 대상에 작용을 일으킬 때, 의식이 생기면서 꿈이 만들어진다."

다시 말하여, 아뢰야식의 활동으로 의식이 생기는 것이 바로 꿈이 만들어지는 바탕이라는 것입니다. 의식에는 분별 의식과 무분별 의식, 이 두 가지가 있습니다. 무분별 의식은 꿈이 생기는 근원으로서, 어떤 변별도 일으키지 않습니다. 분별 의식은 무분별 의식 위에 현상이 생긴 뒤 여기에 더해 시비를 판단합니다. 무분별 의식이든 분별 의식이든, 꿈이 만들어질 때는 흔히 그 안에 일상 활동이나 버릇에서 비롯된 습기習氣 성분이 섞입니다. 꿈을 만들어 내기까지는 여러 가지가 필요한데, 그 가운데 첫 손에 꼽히는 것이 혼탁하고 어지러운 습기입니다.

디뤄바(띨로빠) 대사의 제자이며 마얼바(마르빠) 대사의 스승인 나뤄바(나로빠) 대사는 이렇게 지적합니다.

2. 꿈은 어떻게 만들어지나

"낮에는 외부 환경으로 말미암아 마음이 어지러워지고, 밤에는 습기로 말미암아 본성을 까맣게 잊어버리고, 사람이 죽은 뒤부터 다시 생명을 얻기까지의 과정인 '중음中陰'에서는 업력業力으로 말미암아 마음이 혼탁해진다."

물론, 낮에 깨어 활동할 때 우리의 마음이 어지러워지는 까닭으로 습기와 업력의 작용도 빼놓을 수 없습니다. 그러나 낮에 한결 크게 작용하는 것은 외부 환경의 유혹입니다. 밤에도 외부 환경과 업력이 그 작용을 멈추지 않지만, 밤에는 습기가 훨씬 중요한 작용을 합니다. 마찬가지로 중음에서 우리의 마음이 혼탁해지는 데에 외부 환경과 습기의 작용도 없다고 할 수 없으나, 가장 크게 영향을 미치는 것은 아무래도 업력의 끌림입니다.

꿈이 만들어질 때 중요한 작용을 하는 습기는 의식 속에 들어 있습니다. 습기를 갖고 있는 의식은 앞에서 말한 것처럼 아뢰야식의 작용으로 말미암아 생깁니다. 이렇게 아뢰야식의 작용에 의해서 생긴, 습기 성분을 갖고 있는 의식이 풍風―동양 의학의 기氣나 인도 요가의 프라나와 비슷한 개념―의 힘을 타고 신체 각 부위의 경맥經脈 속에 들어감으로

2. 꿈은 어떻게 만들어지나

써 꿈이 만들어지는 것입니다. 이것이 꿈을 꾸게 되는 과정입니다.

만일 의식이 몸의 청정하고 선한 맥락 속에 들어가면 상서로운 꿈을 꿉니다. 반대로 의식이 몸의 혼탁하거나 막혀 있는 나쁜 맥락에 들어가면 흉험한 꿈을 꿉니다. 의식 분별이 위장·간장·비장 따위 내장 맥락에 들어가면 사람이 아니라 야수나 요괴를 봅니다. 의식이 비밀스러운 곳의 맥락에 들어가면 곧바로 남녀가 서로 탐하는 꿈을 꿉니다. 의식이 항문이나 발바닥 부위로 들어가면 지옥에 떨어지는 꿈을 꾸고, 의식이 배꼽 부위의 맥락에 들어가면 영혼이 지옥·아귀·축생·수라·인간·천상 이 여섯 곳을 돌아다니는 육도 윤회六道輪回가 어지럽게 섞여 갈마드는 장면을 봅니다.

넓은 맥으로 의식이 들어가면 꿈 속에서 끝없이 광활한 곳에 가 있고, 좁은 맥에 들어가면 꿈 속에서 산간 벽지 같은 곳으로 갑니다. 움직임이 활발한 맥락으로 의식이 들어가면 꿈 속에서 부유하고 넓은 집과 건물을 보고 희열을 느끼며, 굳고 위축된 맥락에 들어가면 끼니도 잇지 못할 만큼 가난해 견디기 힘든 상황이 나타납니다. 만일 의식이 일찌감

2. 꿈은 어떻게 만들어지나

치 어느 맥락으로 들어가는 것이 습관처럼 되어 있다면 꿈 속에서 느껴지는 모든 감각이 고향 집에 들어가듯 매우 익숙하며, 의식이 전에는 잘 들어가지 않던 맥락에 들어가면 곧바로 낯선 장소에 있는 듯한 느낌이 듭니다.

의식이 눈 부위의 맥락에 들어가면 꿈에서 여러 가지 빛깔이 찬란하게 반짝이는 것을 봅니다. 귀 부위로 들어가면 노랫소리가 맴돌며 끊이지 않고, 코 부위로 들어가면 냄새를 맡고, 혀 부위의 맥락에 들어가면 갖가지 맛있는 것을 먹습니다. 의식이 심장 앞부분의 맥락에 들어가면 동쪽으로 가는 꿈을 꾸고, 의식 분별이 심장 왼쪽, 오른쪽, 뒤쪽의 맥락으로 들어가면 거기에 따라 각각 북쪽, 남쪽, 서쪽으로 가는 꿈을 꿉니다. 의식이 심장 아래쪽의 맥락으로 들어가면 험난한 골짜기에 가든지 깊은 동굴에 떨어지거나 암흑 속에 있는 꿈을 꾸게 됩니다. 의식이 심장 위쪽의 맥락으로 들어가면 산에 오르거나 하늘 높이 날아다니는 꿈을 꾸게 됩니다.

의식이 뇌 부위의 맥락에 들어가면 꿈에서 분노한 형상이나 불전佛殿 따위를 보게 될 수 있습니다. 대뇌는 매우 복잡하고 중요한 부분이어서 대뇌의 각 부분, 곧 대뇌의 중심 혈穴인 범혈梵穴을 정점으로 하여 여덟 방향으로 나뉜 각 구역마다 아주 풍부하고 민감한 맥락이 무더기로 모여 있습니다. 이를테면, 누울 때 베개가 닿는 머리의 침골枕骨 부위에는 와문각瓦門角이라는 맥락이 있습니다. 대뇌 속에는 이처럼 특수한 맥락이 많습니다. 그러므로 대뇌에서 만들어지는 꿈은 서로 다른 여러 가지 특색을 띱니다.

풍風이 의식을 맥락으로 밀어넣어서 생기는 꿈에 대해 사람들은 매우 신비롭게 느낍니다. 흔히 사람들은 이해하기 어려운 문제가 앞에 놓이면 '왜 그럴까, 왜 그럴까?' 생각하다가 이내 입맛대로 아무렇게나 판단을 내립니다. 꿈에 대해서도 마찬가지입니다. 그러나 꿈은 사람들이 마음대로 상상하는 그런 것이 결코 아닙니다. 우리는 경험을 통해 어떤 질병에 걸리면 악몽을 꾸고, 무거운 물건에 눌리면 꿈 속에서도 큰 압박을 느끼기 일쑤임을 잘 압니다. 이런 상황을 맞게 되는 것은 바로 몸의 어느 부분이 병에 걸렸거나 맥락의 어느 부분이 꽉 막혀 있기 때문입니다. 만일 맥락의 운행과 꿈이 아무 상관도 없다면, 병에 걸리거나 무거운 물건에 눌리더라도 그런 일이 꿈에 아무 영향도 미칠 수 없을 터입니다. 이에 관해서는 티베트의 의학 경전인 「월광론月光論」에 명확하게 나와 있습니다.

3. 꿈을 어떻게 다스릴까

꿈을 알아차리는 데에는 크게 나누어서
두 가지 상황이 있습니다. 하나는 거칠고 조잡한 꿈을
인지하는 것이고, 나머지 하나는 평화로운 꿈을
인식하는 것입니다.

꿈 알아차리기

꿈을 다스린다는 것은 매우 중요하고 뜻깊은 일입니다. 그렇다면, 어떻게 꿈을 다스릴 수 있을까요?

"꿈을 다스리려면, 변화와 광명을 인지認知하고 날짐승들과 달리 혼미한 상태로 빠져들지 말아야 한다. 꿈 속에 나타나는 광명과 함께 움직여야 한다."

파드마 삼바바 대사의 가르침에 따르면 꿈 다스리기에는 세 단계가 있습니다. 첫 번째는 꿈을 꾸고 있을 때 그것이 꿈이라는 사실을 인식해서 아는 것입니다. 그러려면 깨어 있는 대낮에 반드시 '성시환신법醒時幻身法'을 수련해야 합니다. 이렇게 하면 됩니다. 어느 곳에서 어떤 상황에 놓이더라도, 곧 집에 있을 때나 걸어다닐 때나 앉고 눕고 일어날 때나 사람을 기다리거나 일을 처리할 때도, 이 모든 것이 꿈이라는 것을 관찰해 알아야 합니다. 밤에도 마찬가지로 자기를 끊임없이 일깨워야 합니다. 이것이 꿈 다스리기에서 절대로 빠뜨려서는 안 될 첫

3. 꿈을 어떻게 다스릴까

번째 조건입니다.

　이어서 꿈 수련의 정식 단계로 들어갑니다. 밤에 잠자리에 들 때, 머리를 북쪽으로 두고, 자세를 사자처럼 해서 눕습니다. 다시 말하여, 오른쪽으로 돌아누운 채, 오른손을 머리 아래 옆으로 자연스럽게 내려놓고, 왼손은 곧게 펴서 몸 위에 놓습니다. 이때, 누우면 곧바로 잠에 빠져 버리는 사람이나 특별한 사정으로 누워서 잘 수 없는 사람은 앉아서 잘 수 있게 준비합니다. 그러고 나면 정수리 위를 주시하면서, 결가부좌를 하고 있는 부처님이나 보살의 다리 위에 자기의 머리를 올려놓은 장면을 머릿속에 그립니다. 그 다음, 파드마 삼바바 대사의 모습이 자신의 목구멍 속에 뚜렷이 나타나도록 상상하고, 꿈을 인식할 수 있게 가르침과 은혜를 내려 달라고 간절한 마음으로 파드마 삼바바 대사에게 기도합니다. 그 뒤 끊임없이 '꿈을 인지해야 한다'고 자기를 거듭 일깨워야 합니다. 이렇게 닦아 나가서 공력이 쌓이면 꿈을 알아차릴 수 있습니다.

　꿈을 알아차리려고 수련하는 과정에서 처음 한동안은 꿈이 늘어나는 현상이 일어날 수 있습니다. 그 다음 꿈이 갈수록 명확해지고 나중에는 꿈을 인지

하는 데 성공하게 됩니다. 만일 꾸준히 수련하는데도 꿈을 알아차릴 수 없다면, 성시 환신법에 따라, 깨어 있는 낮에 의식적으로 강력하게 모든 것이 꿈이라는 사실을 관찰해서 정확히 알아야 합니다. 이런 노력과 아울러 큰스님들의 가르침에 나오는 다른 방법들을 번갈아 쓰면 한 달에서 석 달 사이에 꿈을 인지할 수 있습니다.

꿈을 알아차리는 데에는 크게 나누어서 두 가지 상황이 있습니다. 하나는 거칠고 조잡한 꿈을 인지하는 것이고, 나머지 하나는 평화로운 꿈을 인식하는 것입니다. 거칠고 조잡한 꿈을 인지한다는 것은 바로 공포를 느끼게 하는 현상이 꿈 속에 나타나는 것입니다. 예를 들어 꿈 속에서 물살에 휩쓸려 들어가거나 바닥 모를 낭떠러지에서 떨어지는 따위 몹시 자극적인 사건들은 한결 쉽게 인지할 수 있습니다. 평화로운 꿈을 인식한다는 것은 꿈 속에 어떤 특수한 현상이 나타나지 않는 것입니다. 아울러 그 안에서 몇 가지 평화로운 장면을 자연스럽게 인식하는 것입니다.

평화로운 꿈을 인식하는 것이 거칠고 조잡한 꿈을 인지하는 것보다 훨씬 어렵습니다. 평화로운 꿈

3. 꿈을 어떻게 다스릴까

을 인식할 수 있으면, 이는 곧 꿈을 알아차리는 능력이 퍽 안정되어 있다는 이야기입니다. 꿈과 관련된 큰스님들의 가르침을 잘 익히면, 일곱 번 거푸 꿈을 알아차리는 데 성공할 수도 있습니다. 이렇게 되면 사람이 죽은 뒤부터 다시 태어나기까지의 과정인 '중음'의 경계까지 인지할 수 있습니다.

더러는 소가 뒷걸음질치다가 쥐 잡는 격으로 우연히 꿈을 인지할 수도 있습니다. 이럴 때 수행이 높은 경지에 올랐다고 자부한다면, 그것은 혼자만의 생각입니다. 비로자나불의 환신換身인 꽁주 린포체의 전기에 이런 말이 나옵니다.

내가 어렸을 때 고향에 라마승 한 분이 있었는데, 사람들은 그 라마승이 꿈을 인지할 수 있다고 말했다. 그 때 나도 할 수 있겠다는 생각에, 하루는 저녁에 잠들 때 온 정신을 집중해 꿈을 알아차리려고 애썼다. 과연 꿈 속에서 나는 아주 명확하게 꿈의 내용을 인식했다. 그러나 얼마 뒤에는 몇 번을 같은 방법으로 시도해 봤지만 잘 되지 않았다. 그것은 우연이었을 뿐 충분히 익은 것이 아니었기 때문이다. 그 정도에는 어떤 실제적인 의미를 붙일 수 없다.

3. 꿈을 어떻게 다스릴까

요즘은 서양에서도 여러 분야의 전문가들이 꿈을 인식하는 문제에 관심을 갖고 깊이 연구하고 있습니다. 그들이 쓰는 방법 또한 앞에서 얘기한 것과 매우 비슷합니다. 홍콩 잡지 「뇌음雷音」에 실린 '꿈에 관하여' 라는 글을 보면 이런 구절이 나옵니다.

꿈을 인식하려면 반드시 현재 자기가 꿈을 꾸고 있다는 사실을 마음속에 확고하게 심어 주어야 한다. 여러 가지 방법이 있는데, 예를 들어 낮에 깨어 있을 때 거듭거듭 자기에게 이것은 꿈이라고 일깨우고, 밤에도 또한 자기를 그렇게 일깨우는 습관을 들여야 한다. 또 새벽에 일어나서 이십 분쯤 조용히 앉아 있다가 잠깐 잠에 빠져드는 방법도 있다. 흔히 사람들은 이럴 때 자기가 꿈 속에 있다는 사실을 가장 쉽게 알 수 있다. 스탠포드 대학교의 라버지 Laberge 박사가 제안하는 다음과 같은 방법은 효과가 클 것으로 보인다. 잠들기 전에 수를 세기 시작한다. 숫자를 하나씩 세어 나갈 때마다 속으로 이렇게 되뇐다. '나는 지금 꿈을 꾸고 있다.' 이런 식으로 잠들 때까지 수를 계속 센다.

3. 꿈을 어떻게 다스릴까

꿈 바꾸기

꿈 알아차리기가 안정된 단계에 이르면 다음 단계의 수련인 꿈 바꾸기로 들어갑니다.

꿈 속에서 스스로 꿈을 꾸고 있다는 사실을 지각하게 되었을 때, 곧바로 자기를 이렇게 일깨웁니다. '나는 이제 꿈을 바꿀 수 있는 능력을 갖추었다.' 그런 다음 꿈 속에서 자기를 천인天人이나 부처 또는 보살로 변화시킵니다. 이런 식으로 하나하나씩 닦아 나가서 자기를 마음대로 변화시킬 수 있는 수준에 이르게 합니다.

꿈 바꾸기 능력을 높이기 위해서 '교체 변화법交替變化法'을 응용할 수 있습니다. 예를 들어, 자신을 먼저 문수 보살의 형상으로 변화시킵니다. 그 다음 문수 보살을 관음 보살의 형상으로 바꾸고, 관음 보살을 다시 문수 보살의 형상으로 되돌립니다. 또 처음에 자기를 한 분의 문수 보살로 변화시킨 뒤 문수 보살을 여러 분으로 늘리고, 다시 여러 문수 보살을 합쳐서 한 분의 문수 보살로 줄입니다. 이렇게 하나에서 여럿으로, 여럿에서 하나로 되풀이해서

3. 꿈을 어떻게 다스릴까

변화시키는 것입니다.

 이 수련법을 거듭 연습하여 일정한 단계에 이르면 다른 사물들도 변화시킬 수 있습니다. 예를 들어 불을 물로 물을 불로 변화시키고, 허공을 대지로 대지를 허공으로 바꿀 수 있습니다. 꿈 속에서 인간의 모습을 닮은 이상한 물건이나 요괴 또는 마귀를 상징하는 형상이 나타나면 불안한 마음이 생기는데, 그럴 때에는 곧바로 자신을 성난 부처나 보살의 모습으로 변화시켜서 요괴며 마귀를 다스립니다. 이런 식의 변화는 무궁 무진하므로 무한한 자유의 영역 속에서 원하는 대로 마음껏 모든 것을 변화시킬 수 있습니다.

 이 밖에도 꿈을 변화시키는 수련법이 더 있습니다. 바로 '모험 습련법冒險習練法'입니다. 먼저 자기가 꿈꾸고 있다는 사실을 꿈 속에서 인지한 다음, 의식적으로 물줄기가 아주 세찬 강가로 가서 이렇게 자신을 일깨웁니다. '지금 나는 꿈 속에 있는 "의식의 몸(意形身)"이다. 절대로 강물이 나를 휩쓸고 갈 수 없다.' 그러고는 바로 거세게 흐르는 강물 속으로 뛰어듭니다. 그렇게 하면 강물이 아무리 세차게 흘러도 거기에 휩쓸려 떠내려가지 않을 뿐 아니

3. 꿈을 어떻게 다스릴까

라, 오히려 아주 평화스럽고 홀가분한 기분이 듭니다. 이런 식으로 활활 타오르는 불 속이든, 바닥 모를 낭떠러지든, 깊은 호수 속이든, 위험하고 어려운 곳만을 골라 모험 연습을 계속합니다. 이 방법으로 수련하면 끝에 가서는 모든 공포 현상이 평화로운 선정으로 바뀝니다.

  여기에서 꿈 수련의 범위를 더 넓힐 필요가 있습니다. 꿈 속에서 신선이 사는 성지나 부처님이 계신 극락 정토에 가서 구경도 하고 참배도 하는 것입니다. 그런 경지에 이르려면 이렇게 닦으면 됩니다. 대낮에 깨어 있을 때 이 모든 것이 꿈이라고 스스로를 거듭 일깨웁니다. 그러고는 잠들기 전에 가고 싶은 성지나 불국토를 목구멍 안에 그리고, 정신이 흐트러지지 않게 하면서 차츰차츰 꿈 속으로 들어갑니다. 꿈 속에서 꿈을 알아차린 뒤, 자기에게 이렇게 말합니다. '그저 꿈을 알아차리기만 해서는 너무 부족하다. 의식의 몸이 피와 살로 이루어진 육신의 몸을 떠나서 저 성지며 불국토로 가야 한다.' 이렇게 한마음으로 생각하면 어렵지 않게 목적지에 닿을 수 있습니다. 구경과 참배가 끝난 뒤에는 다시 스스로 이렇게 생각합니다. '이제 나는 집에 돌아

3. 꿈을 어떻게 다스릴까

가야 한다.' 그러면 바로 살던 곳으로 돌아오게 됩니다.

불국토 같은 곳에 가면 처음에는 그 풍경이 흐릿할 수 있습니다. 그러나 수련의 경지가 깊어짐에 따라 차츰 풍경이 선명하게 보입니다. 이 방법을 수련할 때 잊지 말아야 할 점이 있습니다. 잘 때 몸을 비틀거나 구부리거나 움츠려서는 안 된다는 것입니다. 풍맥風脈의 흐름이 흐트러지면 꿈을 수련하는 데 나쁘기 때문입니다. 올바른 수면 자세를 취해야 할 뿐 아니라, 호흡 또한 천천히 고르게 하고, 정신도 맑게 유지해야 합니다.

꿈 속에서 불국토를 여행한다고 말하면 어떤 사람들은 이렇게 묻습니다.

"꿈 속에서 가는 불국 정토나 극락 세계는 환상이 아니라 실제인가요?"

제 생각은 이렇습니다. 만일 꿈 수련에 관한 큰스님들의 뛰어난 가르침에 따라 제대로 수행한 사람이 아니면 그가 꿈 속에서 가는 곳이 모두 실제의 불국토라고 말하기는 어렵습니다.

왜냐하면 밀법密法 이론에 따르면, 풍風이 솟아나서 돌아다님에 따라 의식이 몸의 맥락 속으로 들

3. 꿈을 어떻게 다스릴까

어가서 꿈이 생기는데, 풍이 맑고 깨끗한 맥락 속으로 들어가면 불국토로 가는 것과 비슷한 감각이 듭니다. 티베트 불교 겔룩파派를 창시한 종카바(쯔옹까빠) 대사는 이런 상황에 대해 일찍감치 이렇게 지적했습니다.

"풍의 힘과 정토에 가 보고 싶다는 의식의 역량을 이용해 우리가 볼 수 있는 청정한 불국토는 그저 참 정토의 영상일 뿐이다. 불국토를 보았다는 말은 쉽게 성립되지 않는다."

그러나 꿈의 이치를 자유 자재로 운용하는 수준 높은 수행자들의 경우에는 얘기가 다릅니다. 그들의 의식의 몸은 피와 살로 이루어진 육신의 몸을 떠나서 정말로 불국 정토에 갈 수 있습니다.

꽁주 린포체는 이런 얘기를 했습니다.

"꿈 속에서의 의식의 몸은 몸을 떠나는 것과 떠나지 못하는 것, 이렇게 두 종류가 있다."

그가 말하는 떠난다는 것은 진짜 불국토에 닿는 상황을 말하는 것입니다. 그래서 꿈 수련이 높은 경지에 이른 사람들은 꿈 속에서 서로 같은 시간에 같은 불국 정토에 가기로 약속하기도 합니다. 그런 다음에 꿈에서 깨어나 비교해 보면 서로 다녀온 불국

3. 꿈을 어떻게 다스릴까

토의 풍경이 같다는 것을 알게 되곤 합니다.

우진바 대사, 다쓰바 대사, 차충바 대사 이렇게 세 분이 어느 날 저녁 꿈 속에서 미륵 보살이 있는 도솔천에 가기로 서로 약속했습니다.

세 분 가운데 두 분은 꿈 수련이 이미 높은 경지에 이르러 있었고, 그들이 본 풍경은 일치했습니다. 그러나 차충바 대사는 수련이 일반 수준에 머물렀기 때문에, 그가 본 것은 두 분 대사와 조금 차이가 있었습니다.

이렇게 꿈 속에서 진짜 불국토에 가 볼 수 있다면, 꿈 속 불국토에서 부처나 보살의 불법을 듣거나, 선지식에게서 법을 전해 받고 가르침을 얻는 따위의 일도 생각해 볼 수 있습니다. 어떨까요? 정말 꿈 속에서 불법을 전수받을 수 있을까요?

답을 말하자면, 그럴 수 있습니다. 제1세 가마바(까르마빠)가 강보바(감뽀빠) 대사에게 이렇게 물은 적이 있습니다.

"꿈 속에서 스승에게서 가르침을 받는 것이 실제로 의미가 있습니까?"

3. 꿈을 어떻게 다스릴까

강보바는 이렇게 대답했습니다.

"너의 신심만 뒷받침된다면, 꿈 속에서 받는 가르침은 실제로 이로울 뿐만 아니라, 현실에서 받는 가르침보다 훨씬 효과가 크다."

전에 한 제자가 제3세 가마바 랑숑에게 가르침을 청했습니다. 그는 꿈 속에서 법을 전해 주겠다고 약속하고는 제자를 돌려보냈습니다. 그러고 나서 약속한 시간에 맞추어 정말로 제자에게 불법을 전해 주었습니다. 다롱샤중 쟈시바주 대사 또한 챠오메이 린포체에게 보낸 답신에서 꿈 속에서 가르침을 전하고 받는 것에 관해 같은 견해를 보이고 있습니다.

이렇게 불자들은 꿈을 변화시킴으로써 법을 전해 받을 수 있습니다. 또 꿈 수련은 우리에게 여러 가지 현실적인 이익을 안겨 주기도 합니다. 꿈 수련을 현실 생활에도 응용할 수 있다는 말입니다. 예를 들어, 전에 제4세 가마바 뤄비뛰지 대사는 침실에 경전을 쌓아 놓고 밤 동안 꿈 속에서 경론을 폭넓게 공부했습니다. 그는 이 방법을 통해 경전에 통달했으며, 경론 문구도 아주 잘 기억하게 되었습니다.

지금까지 몇 가지 꿈을 변화시키는 방법을 말하

3. 꿈을 어떻게 다스릴까

면서 실제 사례도 곁들여 보았습니다. 사실, 꿈 수련은 여러 영역에서 폭넓게 활용할 수 있습니다. 꿈 수련을 이용해서 생활의 질을 높이고, 잠재해 있는 생명의 원동력을 불러일으키며, 전생과 현생의 부족함을 개선하고, 생명의 기운을 회복시키는 따위, 이런 식의 응용 범위는 아주 넓고 깊습니다. 그 가운데 몇몇 방법은 서양의 전문가들도 이미 사용하고 있습니다. 미국 휴스턴에 꿈 수련을 가르치는 강습반이 있는데, 꿈 수련의 응용과 관련해 이런 자료가 있습니다.

꿈 수련을 어떻게 응용할 수 있을까? 작게는 흉한 꿈을 아름다운 꿈으로 바꿀 수 있고, 크게는 깨어 있을 때의 모든 '꿈'도 개선할 수 있다. 꿈은 삶을 예행 연습하고 실험하는 장소가 될 수 있다. 한 여자는 밤이면 밤마다 꿈 속에서 흉악한 요괴에 쫓겨 다니곤 했다. 그이는 악몽에서 깨어날 때마다 기분이 좋지 않았다. 그러나 꿈 바꾸기 훈련에 참가한 뒤, 악몽을 꾸는 그 순간에 자기가 악몽을 꾸고 있다는 사실을 알아차리게 되었다. 그래서 그이는 지금까지의 태도를 바꾸었다. 그이는 도망가지 않았

3. 꿈을 어떻게 다스릴까

을 뿐 아니라, 오히려 용감하게 요괴와 맞섰다. 그러니까 뜻밖에도 요괴가 한 무더기의 연기가 되어 사라졌다. 그이는 이 때부터 다시는 이런 악몽을 꾸지 않게 되었다.

꿈 바꾸기를 통해 나쁜 습관과 결점을 고칠 수 있다. 어떤 사람은 일이 뜻대로 되지 않으면 곧 짜증을 내고 신경질을 부린다. 그러나 세상의 모든 것이 그저 꿈일 따름인데, 그렇게 심각하게 반응할 필요가 있을까? 많은 사람 앞에서 발표하는 것을 두려워하는 사람이 있다면, 꿈 속에서 대중 앞에서 얘기하는 기회를 만들어 담력을 키울 수 있다. 이런 식으로 해서 차츰 '인생이 꿈 같다'는 사실을 발견해 나간다면, 우리의 생각과 태도가 바뀌고 생활하면서 부딪치는 모든 것 또한 달라짐을 깨달을 수 있다. 이것은 흉한 꿈을 아름다운 꿈으로 바꾸는 것과 마찬가지다.

저는 이 자료가 보여 주는 시각에 찬성합니다. 이 자료를 통해서 꿈꿀 때와 깨어 있을 때, 이 두 상태 사이에 밀접한 관계가 있다는 것을 알게 됩니다. 꿈

3. 꿈을 어떻게 다스릴까

을 마음대로 변화시킬 수 있으면, 현실 생활도 바라는 대로 바꿀 수 있습니다. 이것은 논리에 맞는 말입니다. 이 이치는 개개인의 경험을 통해서도 증명이 가능합니다.

저명한 불교학자이며 역사학자인 정덩췬페이는 아주 흥미로운 경험을 얘기한 적이 있습니다.

때때로 나는 꿈 속에서 하늘을 날아다닌다. 방향을 마음대로 잡을 수 있다. 힘을 조금만 쓰면 곧바로 몸을 돌릴 수 있기 때문이다. 이런 꿈을 꿀 때의 기분은 아주 유쾌하고 흐뭇하다. 가끔 나는 자는 동안 꿈을 꾸면서 그것이 꿈이라는 사실을 알아차린다. 나는 꿈 속에서 보는 종이와 대낮에 보는 종이가 어떻게 다른지 안다. 한번은 꿈 속에서 종이를 불에 태워 봤는데, 신기하게도 종이 타는 냄새가 깨어 있을 때 종이를 태우는 냄새와 똑같았다. 때때로 나는 꿈에서 깨어난 뒤에도 꿈 속에서 본 물건들이 여전히 내 눈앞에 있는 것을 본다. 그러나 내가 몸을 조금만 움직이거나 눈이라도 한 번 깜박거리면, 그런 풍경은 곧바로 사라져 흔적조차 남지 않는다.

이 사례는 꿈의 세계에서 할 수 있는 일들을, 잠에서 막 깨어났을 때, 곧 잠이 든 듯도 하고 깨어 있는 듯도 한 가수면 상태에서도 재현할 수 있음을 잘 말해 줍니다.

3. 꿈을 어떻게 다스릴까

광명 꿈

꿈 수련의 세 번째 단계는 '광명 꿈' 꾸기입니다. 이것은 꿈 수련법 가운데 가장 높은 단계입니다.

구체적인 수련법은 이렇습니다. 먼저 사자와獅子臥 자세로 눕습니다. 사자와 자세는 이미 앞에서 설명한 적이 있습니다. 그러고 나서 온몸을 편안하게 풀고, 호흡을 완만하고 고르게 한 다음, 의식을 가슴에 모으고, 밝고 텅 비어 아무런 분별이 없는 상태 속으로 녹아들면서 잠에 빠져듭니다.

이 상태에 녹아드는 순서는 이렇습니다. 먼저 잠이 든 듯도 하고 아닌 듯도 한 지점에서 의식과 무의식에 쌓여 있는 온갖 관념을 떨어 버리고 깨끗하고 맑은 무의식으로 들어가는 상태를 유지합니다. 지地가 수水로 녹아드는 과정에서부터 식識이 광명으로 녹아드는 과정에 이르기까지 계속 이 상태를 유지합니다. 이렇게 완전히 깊은 수면 상태에 들어가서 꿈의 흔적이 조금도 남아 있지 않은 철저한 광명 상태에 머뭅니다.

광명 꿈 수련에 성공한 사람들의 모습을 보면, 비

록 잠들어 있긴 하지만 얼굴 표정이 깨어 있는 것처럼 맑습니다. 코를 골거나 하면서 잠에 곯아떨어져 있는 모습이 결코 아닙니다. 이 수행에 성공하면 중음 단계로 들어갈 때 본디 죽음의 과정에서 나타나는 기광명基光明의 출현을 곧바로 알아차릴 수 있습니다. 그뿐만 아니라 광명 꿈 수련법은 생을 바꾸지 않고도 현생에서 해탈을 얻는 '즉신 성취卽身成就'까지 촉진합니다. 옛 인도의 라와바 대사는 광명 꿈 속에서 십이 년 동안이나 머물면서 아주 훌륭하게 뜻한 바를 이루었습니다.

흔히 꿈의 세계에 나타나는 광명은 '증오證悟 광명'과 '각수覺受 광명'으로 크게 나뉩니다. 광명 꿈은 증오 광명에 속합니다. 이 수련법을 익힌 사람은 밖에서 볼 때는 자고 있는 것 같지만, 알고 보면 밝고 텅 비어 아무런 분별이 없는 경지에 있습니다. 그리고 형식적으로 잠에서 깨어나는 과정을 거치긴 하지만, 깨어난 뒤에도 여전히 밝고 텅 비어 아무런 분별이 없는 상태에 머뭅니다. 증오 광명은 광명 꿈 중에서도 최고의 경지입니다.

증오 광명에 이르지 못하면, 각수 광명을 수행하여 익혀야 합니다. 그 수행 방법은 이렇습니다. 마

3. 꿈을 어떻게 다스릴까

음속에 파드마 삼바바 대사의 모습이 뚜렷이 보이도록 합니다. 이렇게 하는 것은 각수 광명 수행의 한 가지 요령입니다. 한 무더기의 빛을 수행의 요령으로 삼는 방법도 있습니다. 이 수행법은 「육중음인도문」을 바탕으로 하여 나온 것입니다. 그 뒤 잠에 빠져들어 식識이 광명 속으로 녹아들 때까지 밝고 맑은 상태를 유지해야 합니다. 그러면 깊은 잠에 빠져들었을 때 한순간 마치 허공과 같은 무분별의 상태가 닥쳐옵니다. 이어서 마음속에 파드마 삼바바 대사의 모습이 차츰 뚜렷이 드러나고, 다시 이 상태가 꿈으로 바뀝니다. 꿈 속인데도 자기의 몸이 대낮에 보는 것처럼 환하게 드러나고, 침실이나 주변 환경도 차츰 밝고 뚜렷하게 보입니다.

수련이 깊어지면 각수 광명의 특징을 발견할 수 있습니다. 먼저, 밖에서 남이 보기에는 분명히 잠들어 있는데, 꿈 속에 펼쳐지는 모든 것은 아주 선명합니다. 꿈 속에서 펼쳐지는 정경이 대낮처럼 환해서, 잠들지 않은 것 같은데도 잠에서 깨는 현상이 이어집니다. 제 생각에는, 역대 큰스님들의 전기 속에 나오는, 꿈 속에서 불국토를 비롯해 여러 곳을 둘러보았다는 얘기들이 모두 각수 광명 상태에서

3. 꿈을 어떻게 다스릴까

이루어진 것이 아닌가 싶습니다.

또 하나 각수 광명의 특징은 깨달음의 기쁨, 지혜의 밝음, 무념無念과 같은 현상들이 같이 나타난다는 것입니다. 이것은 오염된 잡념의 상태를 넘어서 청정한 생각의 단계로 들어서는 현상입니다. 그러므로 잘 닦으면 때때로 신통력 같은 특수한 능력이 나타날 수도 있습니다. 챠오메이 린포체의 전기 속에 이런 내용이 있습니다.

나는 잠이 든 듯도 하고 아닌 듯도 한 상태에서 신통력을 얻은 것 같았다. 한번은 꿈 속에서 이런 것을 보았다. 베이러 지방의 둔에 왕이 몇몇 기병과 함께 급하게 달아나고 있었다. 그들 뒤에서 야크를 모는 몇몇 사람이 왕에게 소리쳤다. "왕이여, 도망가지 마십시오. 저희에게 분부를 내려 주소서. 이 야크들은 어찌 합니까?" 왕은 채찍질을 멈추지 않은 채 머리만 돌려 이렇게 말했다. "나는 분부할 게 없느니라." 왕은 다시 고개를 돌려 미친 듯이 말을 몰아 달아났다. 이 정경은 내가 스물일곱 살 때 꿈 속에서 본 것인데, 그 때만 해도 나는 뒷날 몽골 병사들이 들이닥칠 줄은 몰랐다. 그런데 얼마 지나지

3. 꿈을 어떻게 다스릴까

않아 정말로 몽골 군사들이 쳐들어왔다.

또 한번은 어떤 병자를 위해 불경을 외우다 새벽에 앉은 채로 잠이 들었다. 문득 내 눈앞에 흰빛이 펼쳐지는 것이 날이 밝은 듯했다. 그런데 갑자기 어느 초상집의 정경이 내 눈앞에 떠올랐다. 주검이 웅크린 채로 회색 천에 둘둘 말려서 땅 위에 놓여 있었는데, 이 정경이 펼쳐지는 것과 동시에 나는 '광명 꿈'이 열리는 것도 인지했다. 잠에서 깨어난 뒤 나는 그 병자가 천수를 다하고 집 안에서 죽었다고 생각했다. 내 생각은 틀리지 않았다. 이튿날 나는 그 병자가 그 날 밤에 죽었다는 소식을 들었다.

그러나 만일 이런 지혜의 능력이 불거져 나와도 절대로 그것이 대단한 신통력이라고 생각하지는 말아야 한다. 나는 때때로 사람들이 먼 곳에 있든 가까운 곳에 있든, 그들이 지닌 생각과 느낌을 그들의 입을 통해 말하는 것을 꿈 속에서 듣는다. 이런 종류의 능력은 가끔 나타날 수 있다. 그러나 결코 자주 나타나는 것이 아니다. 초심자는 이와 비슷한 경험을 한 뒤에 자기가 신통력을 갖추게 된 것으로 여겨 스스로 높고 훌륭하다며 우쭐대고 자만하기 쉬운데, 이것이 오히려 수행의 장애가 될 수 있다.

3. 꿈을 어떻게 다스릴까

깨달음의 기쁨, 지혜의 밝음, 그리고 무념 따위 어떤 지혜의 능력이 나타나든 그것에 지나치게 집착하지 말아야 합니다. 이 대목은 아주 중요합니다. 「육중음 인도문」에서는 이렇게 말합니다.

"각수 광명은 반드시 증오 광명이 이끌어야 한다."

4. 꿈 여행 이야기

특정한 수행을 거치면, 꿈을 이용하여
아주 신기하고 희한한 일도 해낼 수 있습니다.
이를테면 완전히 다른 두 세계의 사람이,
곧 산 사람과 죽은 사람이 서로 소통하고 대화할 수도
있습니다.

눈물, 중음 세계
네다워즈 대사의 꿈 이야기

특정한 수행을 거치면, 꿈을 이용하여 아주 신기하고 희한한 일도 해낼 수 있습니다. 이를테면 완전히 다른 두 세계의 사람이, 곧 산 사람과 죽은 사람이 서로 소통하고 대화할 수도 있습니다. 이런 일은 꽤 있어서 티베트 불교의 역대 문헌 속에는 신기한 사례가 드물지 않게 기록되어 있습니다. 그 가운데서도 아주 특별하고 전형적인 사례가 하나 있습니다. 바로 네다워즈 대사가 꿈 수련법을 응용하여 저승 세계에 있는 아우를 찾아간 이야기입니다. 이 이야기를 통해 우리는 사람이 죽은 뒤 다시 태어나기까지의 중간 단계, 곧 중음 세계에서 살고 있는 '중음신中陰身'들의 생활 환경을 퍽 상세하게 엿볼 수 있습니다.

저는 어릴 적부터 실제 삶처럼 생동감 넘치고 사람을 감동시키는 이야기에 흥미가 많았습니다. 여기에서 큰스님들의 생생한 사례를 여러분과 나눔으로써 그런 사실을 증명하는 근거로 삼고자 합니다.

4. 꿈 여행 이야기

　녜다워즈 대사는 십오 세기 사람입니다. 티베트 롱뽀저가 지방이 그가 태어난 곳입니다. 그는 옛 성인들이 후세를 위해 숨겨 놓은 가르침인 복장 밀법 伏藏密法을 찾아 낸 가마랑바(까르마 링빠) 대사의 아들이며, 녜다츄지 존자의 대제자입니다. 어릴 적부터 법을 수련하는 데 열중하고 언제나 고요한 곳을 찾아 홀로 좌선에 몰입해서, 사람들은 그를 '어린 대선사'라고 칭송했습니다. 어른이 된 그는 녜다츄지 존자로부터 '문 해탈법聞解脫法'을 비롯해 여러 가지 뛰어난 티베트 불교의 가르침을 홀로 전해 받았습니다. 녜다츄지 존자는 녜다워즈 대사에게 이렇게 말했다고 합니다.

　"나는 아직 어떤 사람에게도 이 문 해탈법(「서장도망경西藏度亡經」)을 전해 준 일이 없다. 나의 스승 가마랑바는 내게 '이 뛰어난 법문은 삼대 안에 오직 한 사람에게만 전해 줘야 하며, 삼대 이후에나 세인들에게 널리 전하라'고 경고하셨다. 스승의 말씀에 따라, 너 또한 육 년 동안은 다른 어떤 사람에게도 이 법을 전해 주지 말고, 육 년이 지난 뒤에 이 법을 전해야 한다. 지금 너는 마땅히 혼자서만 이 법을 수련해야 한다!"

4. 꿈 여행 이야기

네다워즈 대사는 이 가르침을 들은 뒤 혼자 수련에 정진해 마침내 높은 경지에 이르렀습니다.

여기에 네다워즈 대사의 꿈 이야기가 있습니다.

내가 저가 지방의 '라라 사寺'에서 혼자 수행하고 있을 때, 그 곳에 한 차례 심각한 병이 돈 적이 있다. 그 돌림병으로 스무 명 남짓이 목숨을 잃었는데, 서른두 살 난 내 아우 뙤지센찬과 그의 어린 딸도 거기에 끼고 말았다.

석 달이 지난 뒤에야 그 사실을 알게 된 나는 아우가 너무나 그리웠고, 마음속에 가눌 수 없는 슬픔이 밀려왔다. 나는 아우의 상황을 하루라도 빨리 알고 싶어서 21일 저녁 아디샤(아띠샤) 존자가 전해 준 '심억 전세 몽경법尋憶轉世夢境法'을 수련하여 아우를 찾아보기로 결심했다.

이튿날 동이 틀 무렵, 나는 꿈 속에서 한 줄기 커다란 강물을 뛰어 건너 챠나 지방에 있는 울창한 숲에 도착했다. 많은 사람이 그 곳에서 이런저런 얘기를 나누며 웅성거리고 있었고, 내 옆에는 뙤단과 뙤지즈타가 함께 있었다. 바로 그 때, 어머니가 어쩔

4. 꿈 여행 이야기

줄 몰라하며 허둥지둥 내 옆으로 지나가는 것을 보았다. 어머니는 살아 있을 때보다 훨씬 젊어 보였다. 어머니는 우리에게 이렇게 말했다.

"너희 세 사람은 챠나에 있으면 안 된다. 챠가로 가야 한다. 나는 지금 급한 일이 있어서 저가에 가봐야 한다. 환생하기에 좋은 곳이 별로 없어서 내 아들 뛰지셴찬이 아직도 환생할 곳을 찾아 헤매느라 괴로워하고 있다. 그 아이가 악업의 집에 가게 내버려 둘 수는 없다. 그래서 그 아이를 설득하려고 한다. 청정한 선업의 집을 찾을 때까지 반드시 인내심을 갖고 기다리라고 말이다. 곧 너희랑 만날 수 있을 것이다."

어머니는 말을 마치자마자 홀연히 강을 건너 사라져 버렸다.

과연 얼마 뒤에 뛰지셴찬이 우리가 있는 곳으로 왔다. 아우는 아주 무거워 보이는 나뭇짐 한 묶음을 등에 지고 양 눈썹을 잔뜩 찡그린 채 손으로 얼굴을 받치고 낮은 소리로 근심 섞인 노래를 읊조렸다. 정처 없이 떠도는 행색이었다.

아우가 우리 앞에 다가왔을 때 살펴보니, 그는 완연히 맥이 풀려 있었다. 나는 급하게 물었다.

4. 꿈 여행 이야기

"너 어디로 가는 거니? 나는 네가 죽은 줄 알았는데, 죽지 않았구나. 그렇다면 빨리 집으로 돌아가자!"

아우는 의심이 가득한 얼굴을 하고 바보처럼 멍청한 눈빛으로 나를 바라보았다. 마치 딴 세상 사람 같았다. 아우의 표정을 보고 나는 칼로 그은 것처럼 마음이 아파, 그 무엇과도 비교할 수 없는 커다란 자비심이 일었다. 나는 속으로 생각했다.

'아우는 정말 살아 있는 것일까? 아니면 죽은 것일까?'

아우는 방금 꿈에서 깨어난 것처럼 망연히 내게 말했다.

"나는 여러 지방을 가 봤습니다. 그 동안에 백칠십만 명쯤의 사람을 만났습니다. 그 가운데 삼분의 이가 넘는 사람들이 커다란 동굴 속으로 떨어졌습니다. 그 동굴은 너무 깊어 끝이 보이지 않는 곳입니다. 나머지 사람들은 공포와 비바람 때문에 숲 속으로 들어가기도 했고, 진흙과 바윗덩이뿐인 굴 속에 숨기도 했습니다. 형님에게서 문 해탈법을 들은 적이 있는, 나와 고향 사람 몇몇은 비바람이 몰아치고 눈서리가 내리치는 와중에도 어머니의 옷을 덮을 수 있어서 그나마 상황이 괜찮았습니다."

아우는 잠깐 멈추었다가 말을 이어 갔다.

"우리는 그 깊은 동굴에 가지 않았습니다. 그런데, 아커 캉바리쿼는 고향 사람들이 그 동굴에 가지 말라고 했는데도 말을 듣지 않아서 결국 동굴 속으로 떨어졌습니다. 나와 아뚸, 뉴준마는 같이 있었습니다. 그런데 아뚸가 내게 이런 말을 했습니다. '녜다 대사는 일찍이 우리에게 악업을 짓는 집에 가지 말라고 가르쳤다. 그 가르침이 아니었다면 우리는 벌써 나쁜 기운에 오염됐을 것이다. 그러나 선업을 짓는 집을 찾기가 너무 어려워서 아주 곤혹스럽다. 선한 집을 찾는 일이 더 길어진다면, 나 또한 깊은 동굴 속으로 떨어질 것이다. 나는 다행스럽게도 너와 함께 있어서 그 곳에 가지 않았다. 그러나 이젠 악업을 짓는 집이라도 찾아야겠다. 나는 더 기다릴 수 없다.' 그러더니 그는 바로 떠나 버렸습니다. 내 생각에 그는 축생·아귀·지옥 가운데 한 곳에서 다시 태어나진 않은 것 같습니다. 틀림없이 악업을 짓는 집에서 다시 태어났을 겁니다."

아우는 말하고 또 말하다가 말을 다 맺지 못한 채 슬픈 곡조를 웅얼거리기 시작했다.

4. 꿈 여행 이야기

"애달프구나, 인자하고 선한 집이여. 그 수가 적고도 적어서 찾기가 어렵구나. 더러움에 찌든 흉악한 집이여……."

이렇게 웅얼거리면서 넋이 나간 몰골로 한 줄기 작은 길로 들어섰다.

나는 아우에게 외쳤다.

"잠깐만 기다려, 물어 볼 말이 있어."

아우는 걸음을 멈췄다. 나는 그에게 물었다.

"고향 사람들을 만난 적이 있니? 누구를 만났어? 그들하고 함께 지낼 기회가 있었어? 지금 그 사람들은 어디에 가 있니?"

아우는 어깨를 축 내려뜨리며 대답했다.

"고향 사람들을 많이 만나긴 했습니다. 그러나 어떤 사람들은 금방 떠나 버렸고, 어떤 사람들과는 하룻동안만 함께 있었습니다. 형님에게서 가르침을 받은 우리 네다섯 명은 열흘을 함께 보냈습니다. 그러나가 뉴준마가 산으로 올라갔는데, 지금 그의 상황이 어떤지는 잘 모르겠습니다. 이윽고 다른 사람들도 하나둘씩 사라져 버렸습니다."

아우가 말을 멈추자 갑자기 눈앞에 한 줄기 빛이 나타났다. 아우는 말을 이었다.

4. 꿈 여행 이야기

"나는 이제야 비로소 깊이 알았습니다. 중음에 대비한 수행법들, 특히 문 해탈법은 살아 있을 때 잘 들어서 마음에 새겨 둬야 합니다. 그러나 내가 기억하고 있던 문 해탈법은 그리 완전한 게 아니었습니다. 우리 몇 사람은 문 해탈법을 들은 덕분에 선악을 선택해 환생할 수 있는 능력을 갖출 수 있었습니다. 우리가 함께 모여 문 해탈법의 한 부분인 '중음 원사中陰願詞'를 외우고 있을 때, 주위에 있던 몇십만 명이나 되는 사람들이 소리 내어 울었습니다. 왜 우는지 물어 보니까 이렇게 대답하더군요. '당신들은 정말 복이 많습니다. 이렇게 좋은 중음 원사를 외울 수 있고, 또 어디에서 환생할지 선택할 수 있고, 가끔은 서로 모여 있을 수도 있으니까요. 우리는 당신들이 무척 부럽습니다. 우리의 상황은 너무나 처량하고 고통스럽습니다. 우리가 처해 있는 불행에 생각이 미칠 때마다 너무나 슬퍼서 견디기 어렵습니다. 우리도 당신들이 받아들인 그런 뛰어난 가르침을 꼭 얻고 싶습니다.' 나는 이 말을 들은 뒤에 완전하진 않지만 기억나는 대로 문 해탈법을 그들에게 전해 주었습니다. 그 사람들은 내게 물었습니다. '당신은 죽음 직후의 임종 중음을 거쳐 법성

4. 꿈 여행 이야기

중음으로 들어갈 때, 왜 광명의 길을 따라가지 않고 이 곳에 남았습니까?' 나는 이렇게 대꾸했습니다. '법성 중음 때에 나타나는, 너무도 찬란한 빛과 소리와 힘에 놀라서 그만 혼절하고 말았습니다. 그래서 광명의 길을 찾을 수 없었습니다. 만일 문 해탈법을 세 번 들었다면 법성 중음의 출현을 제대로 알아볼 수 있었을 텐데, 나는 살아 있을 때 문 해탈법을 두 번밖에 듣지 않았습니다.' 그 사람들은 내 말을 진지하게 듣더군요."

아우는 조금 밝아진 얼굴로 말을 이었다.

"어쨌든 나는 선한 집에서 환생하리라는 기대를 여전히 갖고 있습니다. 선한 인연을 계속 기다렸는데, 정말 찾기가 어렵군요. 아직도 찾지 못했습니다."

아우는 말을 다 맺지 못하고 다시 슬픔에 잠겨 낮은 소리로 읊조리기 시작했다.

"애달프구나, 인자하고 선한 집이여. 그 수가 적고도 적어서 찾기가 어렵구나. 더러움에 찌든 흉악한 집이여, 그 수가 많고도 많으나 문에 들어서기가 두렵구나. 힘들고 괴로운 중음의 길이여……."

아우는 다시 나뭇짐을 지고 꼬불꼬불한 작은 길을 따라 망연히 걸어갔다.

4. 꿈 여행 이야기

나는 급히 아우의 이름을 부르며 뒤를 쫓아갔다.

"뭐지셴찬아, 너무 슬퍼하지 말거라. 나는 네가 고통을 당하도록 그냥 둘 수 없구나. 제발 부탁이니 너는 중음신들에게 저가 지방의 라라 사에 있는 녜다워즈라는 승려가 언제나 문 해탈법과 '계 해탈법 系解脫法'을 전해 주고 있다고 전해 다오. 나는 새벽마다 쉬지 않고 이 법문들을 염송하고 있단다. 또 나는 '중음수中陰水'를 만들어 나눠 주며, 죽은 이들의 명복을 빌고 있단다."

아우가 고개를 들고 내게 말했다.

"나는 고향 사람들 대부분이 꽤 괜찮은 환생의 장소를 이미 찾았을 거라고 생각합니다. 바로 며칠 전에 나는 그들과 헤어졌습니다. 물론 우리 저가 지방 사람들 가운데 나를 비롯한 몇몇은 아직 환생할 곳을 찾지 못했습니다. 우리는 함께 모여서 '중음 구외 원사中陰救畏願詞', '도탈 험경 원사度脫險徑願詞', '등공 원사燈供願詞' 같은 걸 염송합니다. 형님이 중음 원사를 염송할 때 우리는 그 덕에 커다란 위안을 얻습니다. 우리는 형님이 그것을 염송할 때마다 중음의 중생이 줄어든다는 사실을 알게 되었습니다."

4. 꿈 여행 이야기

아우는 중음의 환생 상황을 묘사하면서 이렇게 말했다.

"중음에서 청정하고 인자하고 선한 환생의 장소를 찾는 것이, 인간 세상에서 여의주를 찾는 것보다 어렵습니다. 이와 달리 더럽고 악에 물든 환생의 장소는 터진 둥지로 쏟아져 나오는 개미만큼이나 많습니다. 한 달 전에 우리는 십칠만 명쯤의 친구들과 헤어졌습니다. 지금은 한 오백 명 남아 있습니다. 나는 그들 또한 사흘 안에 환생할 곳을 찾으리라 생각합니다. 한 달 사이에도 몇십만에서 몇백만에 이르는 낯선 사람들이 중음에 옵니다. 이제 고향 사람들 가운데는 나만 남았습니다. 어머니는 절대로 악업을 짓는 집에 가지 말라고 거듭 얘기합니다. 선업을 쌓는 집을 찾을 때까지 인내심을 갖고 기다리라고 합니다. 나는 이 말을 듣고 어머니에게 따졌습니다. '어머니, 답답한 말 좀 그만하면 좋겠습니다. 아무 희망도 없이 멍하니 기다리기만 하다가 저 깊은 동굴 속에 떨어지면 어떡합니까? 날마다 헤아릴 수 없을 만큼 많은 사람이 저 속으로 떨어지지 않습니까?' 그러나 어머니는 조금도 흔들림 없이 내게 말했습니다. '인자하고 선한 환생의 장소를 찾기 전에. 너는 결코 저 깊은 동굴 속에 떨어지지 않을 거다. 그건 내가 보장하마. 더구나 네 형이 너를 위해 기도하고 있지 않니. 너무 절망하지 말거라.' 어머니가 그렇게 위로해 줬는데도 지금 내 마음은 절망감으로 싸늘하기만 합니다."

아우는 두 손으로 받친 근심 가득한 얼굴을 드러내며 구슬픈 노래를 불렀다.

"두려워라, 저 동굴이 두려워, 걱정스러워라, 죽음이 걱정스러워, 무거워라, 내 등 위의 나뭇짐이 너무 무거워, 마음속에 막막한 비참함이 넘치는구나. 애달프구나, 인자하고 선한 집이여, 어려워라, 어려워, 얻기가 너무 어려워."

피곤한지 아우가 탄식하듯 내뱉었다.

"아이구, 아이구."

그러고는 다시 넋을 놓고 걷기 시작했다.

아우의 얘기를 듣고, 나는 그의 슬픔이 내 것인 양 여겨졌다. 눈물이 줄줄 흘러내렸다. 나는 곧 눈물을 닦고, 아우가 간 쪽으로 돌아섰다.

나는 아우에게 외쳤다.

"가지 마, 너한테 할 말이 남아 있어!"

아우는 신음처럼 잇달아 "아이구" 소리를 내뱉으

4. 꿈 여행 이야기

며 등에 지고 있던 나뭇짐을 곁의 흙더미 위에 천천히 내려놓고, 몸을 돌려 나를 기다렸다.

나는 계속 아우를 위로했다.

"찡그린 눈살을 펴고 고뇌에 찬 얼굴을 거두어라. 내가 라라 지방에 문무단성文武壇城을 세우기 시작했단다. 이런 선언을 통해 너의 명복을 빌어 줄게. 나는 또 거시뤄상에게 한 달치의 음식과 용품을 공양하고, 너를 위해 '관음심주觀音心呪'를 염송해 달라고 부탁하겠다. 집안 사람들도 함께 관음심주를 염송해 너의 명복을 빌도록 하겠다. 네가 세상을 떠나고 나서 우리 가족은 악업을 짓지 않고 온 힘을 다해 선업을 쌓았다. 너무 마음 아파하거나 실망하지 말거라. 너 자신에 대한 믿음을 잃지도 말거라. 아직도 중음신 상태로 남아 있다고 한탄하지 말거라. 문 해탈법 속에 이런 말이 있단다. 중음에 있는 동안 어떤 곳으로 가든 마음을 오직 하나로 모으기만 하면 원하는 곳에서 다시 태어날 수 있다고 말이야. 꼭 네 소원을 빌어야 한다. 아주 간절한 마음으로 부처님과 보살들이 사는 정토에서 태어나게 해달라고 파드마 삼바바 대사에게 빌어라. 그러면 되지 않겠니?"

4. 꿈 여행 이야기

 아우는 내 말에 조금도 기뻐하는 기색 없이 답답하다는 듯 얘기했다.

 "나도 압니다. 그러나 인간 세상에 머문 시간이 너무나 짧았습니다. 나는 본래 인간 세상에 더 오래 있었어야 합니다. 그런데 그 방탕아 탕충바 때문에 이렇게 비참하게 되었습니다. 그것이 너무나 후회스럽고 한이 됩니다. 본디 나는 일찌감치 사람의 몸을 얻어서 지금은 인자하고 선한 집안에서 살고 있어야 합니다. 나는 형님과 가족의 은덕을 많이 입었습니다. 게다가 인간 세상에서 악업을 조금밖에 짓지 않았습니다. 그러나 나는 기회가 있었는데도 부처님의 지혜를 구하는 데 정진하지 못했습니다. 그 생각만 하면 견디기가 힘듭니다. 너무나 아깝고 슬픕니다."

 아우는 몹시 한탄하며 말을 이었다.

 "나는 부모 형제와 너무 빨리 이별했습니다. 어찌해서 한창때인 인생의 황금기에 모든 것이 물거품이 되어 버렸는지요. 어찌해서 갑자기 인간 세상을 떠나 이런 상태로 전락해 버렸는지요. 우리 집처럼 선한 가정을 찾는다는 것이 정말이지 너무나 어렵습니다. 나는 세상에 있을 땐 우리 가정의 소중함을

4. 꿈 여행 이야기

몰랐습니다. 막상 이렇게 잃어버리고 나니 이제서야 그 소중함을 알겠습니다. 아! 이젠 그저 다시 찾을 수밖에 없는데, 이 일이 참으로 사람을 고통스럽게 합니다. 어쨌든 나는 아직도 인간 세상에 환생하리란 희망을 갖고, 그 날이 빨리 오길 손꼽아 기다리고 있습니다."

아우는 비 오듯 눈물을 쏟으면서 꾸역꾸역 말을 토해 냈다. 머리를 떨어뜨린 채 그가 망연하게 말하였다.

"지난 달로 기억합니다. 수천 수만의 군중 속에서 우연히 딸아이를 봤습니다. 그러나 딸아이는 순식간에 자취도 없이 사라져 버렸습니다. 그 뒤로 다시는 그 애를 보지 못했습니다."

아우는 딸 생각에 목이 메어 말을 잇지 못했다. 부르르 떨면서 천천히 몸을 돌려 나뭇짐을 진 그가 다시 작은 소리로 읊조리기 시작했다.

"쾌락과 행복의 인간 세상, 처량하고 고통스런 비바람 속 죽음의 길, 짧은 인생은 별안간 사라지고, 볼 수 없는 육친 생각에 가슴속엔 번뇌와 회한만 가득, 내 몸 하나 어찌 못 하는 부자유의 길이여. 죽음의 길, 눈물의 길이여."

4. 꿈 여행 이야기

 슬프게 깔리는 곡조를 따라 아우는 조금씩 멀어져 갔다.
 나는 다시 아우를 쫓아가서 물었다.
 "기다려. 더 물어 볼 게 있어. 혹시 염라 대왕을 본 적이 있니?"
 아우는 두 눈을 내리깔고 답답하다는 듯 말했다.
 "못 봤어요. 만일 커다랗고 깊은 동굴에 떨어진다면 염라 대왕을 볼 수 있을 거예요. 하지만 나는 감히 가까이 갈 수도 없어요. 동굴 가까이 갈 때마다 온몸이 얼어붙고 심장이 벌떡거리고 담이 떨립니다. 나는 그래도 어머니가 지켜 주니 망정이지, 다른 사람들은 따로 보호해 주는 이가 없어서 어쩔 수 없이 비틀비틀 그 동굴 속으로 걸어 들어가곤 합니다. 그들은 겁에 질린 나머지 얼굴이 온통 일그러져 있습니다. 몹시 흉하고 무서운 모습이지요. 낯빛도 백지장처럼 하얗게 질려 있습니다. 어떤 사람들은 놀라서 기절하기도 하고, 또 어떤 사람들은 슬프게 흐느끼기도 합니다. '…… 내가…… 떨어져…… 내려…… 간다…….' 이러면서 끝도 보이지 않는 칠흑의 동굴 속으로 떨어집니다."
 나는 넋이 나간 듯한 얼굴을 하고 있는 아우를 위

4. 꿈 여행 이야기

로했다.

 "사랑하는 아우야. 슬퍼하지 마라. 내가 너를 위해 정성껏 기도하면, 너는 인자하고 선한 집에서 다시 태어날 수 있을 거다. 또 불법을 배워 익히면 우리 형제가 다시 만날 날이 꼭 있을 거야. 아우야! 나는 네가 자신을 스스로 괴롭히지 않기를 바란다. 더욱이 남보다 못하다고 스스로 부끄러워하지 않길 바란다. 이런 사실을 생각해 보렴. 너 혼자만 중음의 길에서 헤매고 있는 것이 아니란다. 세상 모든 사람이 앞으로 너와 마찬가지로 중음의 길을 가야 한다. 지나치게 걱정하고 상심할 필요가 없다. 마음을 편안히 가져라. 아주 정성스럽고 간절하게 관세음 보살께 기도해라. 네겐 언제나 너를 돕는 어머니가 있지 않니. 어머니는 아마도 관세음 보살의 분신인 '금강 해모金剛亥母'일 거야. 더욱 정성스레 기도하거라."

 아우는 다소나마 마음의 안정을 찾은 것 같았다.

 "사랑하는 형님. 알겠습니다. 중음의 생활이 너무나 처량하고 힘들어 넋두리를 늘어놓지 않을 수 없었습니다. 내 마음에 원한이 있는 게 결코 아닙니다. 부탁하는데, 형님. 이해해 줘요. 사실 다른 중음

4. 꿈 여행 이야기

신들과 비교하면 나는 편하기 그지없습니다. 형님이 베풀어 주는 천도 의식이 우리 죽음의 존재들에게는 큰 도움이 됩니다. 나는 형님이 제 뼛가루로 찰찰상擦擦像―죽은 사람의 뼛가루를 정화한 뒤, 진흙과 섞어서 작은 탑 모양으로 만든 것. 불공을 드린 뒤에 이것을 청정한 곳에 놓아서, 죽은 사람에게 부처님의 대자 대비한 힘의 가호가 내리기를 빈다―을 만들어 줬으면 좋겠습니다. 그리고 죄업을 회개하는 의식인 '나라 수참 의궤拿局酬懺儀軌'를 많이 염송해 줘요. 나를 위해서 말입니다. 그 의식의 공덕이 아주 큽니다. 꼭 부탁합니다."

나는 고개를 끄덕이며 아우에게 확실히 대답했다. "마음 푹 놓아라. 내가 네 대신에 공덕을 쌓으마. 아우야, 우리 함께 챠가로 가자."

우리는 걷고 또 걸었다. 그러다가 길가에서 어머니를 만났다. 어머니는 주문을 외우면서, 몸을 강가의 마른 모래에 비비고 있었다.

우리 형제가 한 줄기 강을 건너, 저가 쪽으로 발걸음을 옮기고 있었는데, 바로 그 때 나는 꿈에서 깨어났다. 갑자기 전율이 한 차례 오싹 밀려왔다. 내 얼굴은 온통 눈물 자국으로 범벅이 되어 있었다.

4. 꿈 여행 이야기

나는 일어나자마자 문 해탈법과 계 해탈법을 염송해 아우의 명복을 빌었다.

그러고 나서 꼭 한 달째 되던 날 새벽에 나는 또 한 번 꿈을 꾸었다.

나무들이 가득 들어찬 숲 속에서 "팍, 팍, 팍!" 나무를 패는 소리가 들려왔다. 나는 소리나는 쪽으로 다가갔다.

아우 뙤지셴찬이 땀으로 범벅이 된 얼굴로 소나무를 자르고 있었다. 나는 큰 소리로 그를 불렀다.

"여기서 뭐 하고 있니? 아직도 환생할 곳을 찾지 못한 거야?"

뙤지셴찬이 숨을 몰아쉬며 대꾸했다.

"좀 먼 데서 한 곳 찾았습니다. 그런데, 가지 않았습니다. 아직은 마음이 고향 집을 떠나질 않네요."

나는 아우에게 다시 물었다.

"그렇다면, 뭐 하러 소나무는 자르고 있니?"

아우는 땀을 닦으면서 말했다.

"제가 어딜 가든 혹시 해와 달의 광채를 못 볼까 봐 두려워서요. 소나무로 환하게 불을 밝히게요."

4. 꿈 여행 이야기

나는 아우를 나무라는 투로 말했다.

"어째서 아직도 환생할 데로 가지 않고 여기 머물러 있는 거니? 설마 속이 타지 않는 것은 아니겠지? 중음 단계에서 다시 태어날 곳을 선택하는 데 여러 가지 방법이 있다고 문 해탈법에 씌어 있지 않던? 그 내용 가운데, 그러니까, 맑고 깨끗한 불국토를 선택하는 것과 더럽고 때묻은 윤회의 문을 선택하는 것, 이런 것 말이야. 아직 기억하고 있겠지? 너는 윤회를 선택할 필요가 없단다. 왜냐하면 윤회는 사람을 아주 고통스럽게 만드니까 말이야. 마음을 모아 정성스럽고 간절하게 극락 세계에 왕생하거나 다른 부처님의 땅에서 태어나게 해 달라고 빌어라. 꼭 성공할 수 있을 거야. 너는 이미 육체가 없고, 그저 아주 미세한 의식의 몸을 갖고 있다. 이런 조건을 이용한다면, 네가 어디로 장소를 바꿔 태어나든 가벼운 수레를 몰고 잘 아는 길을 가는 것처럼 쉽단다. 내 육체는 아직도 인간 세계 속에 있고, 지금은 꿈 속에서 의식의 몸으로 변해 있다. 그런가 하면 너는 중음에 있는 의식의 몸이야. 우리 두 사람이 손을 맞잡으면 아무런 느낌도 없을 거다. 실오라기 만큼의 느낌도 없을 거야. 내 얘기를 믿지 못하겠거든 우리 한번 손을 잡아 보자꾸나."

우리 형제는 두 손을 마주 잡았다. 그 순간, 얼이 빠져 몸을 움직일 수가 없었다. 너무나 놀라웠다. 둘 다 의식의 몸이기 때문에 손이 투과되어 겹치리라고 생각했는데, 두 손이 닿는 순간 우리는 아주 뚜렷하게 서로의 손을 피부로 느낄 수 있었다. 우리 형제는 손을 단단히 마주 잡은 것이다. 육체를 가진 사람들이 서로 손을 맞잡을 때의 느낌과 조금도 다르지 않았다.

아우는 생각지 못했다는 듯 말했다.

"아니, 이럴 수가? 이렇게 느낌이 뚜렷하다니."

나 또한 무척 의아한 생각이 들었다.

'이게 도대체 어떻게 된 거야? 분명히 나는 지금 꿈 속에 있고, 아우는 틀림없이 죽었는데, 살아 있는 나와 죽은 아우, 우리 두 사람이 이 숲 속에서 만나 서로 손을 잡을 때 어째서 이렇게 촉감이 뚜렷한 거지? 이 모든 것이 진짜일까 아닐까? 도대체 정말일까 아닐까?'

나는 퍽이나 눈에 익은 아우의 얼굴을 다시 한 번 훑어보았다. 아우도 눈길을 돌리지 못하였다. 우리 두 사람은 어떤 예감에 사로잡혔다. 이것이 마지막

4. 꿈 여행 이야기

만남이고, 앞으로 다시는 보지 못할 것이라는 그런 느낌이었다.

우리는 서로의 모습을 아주 찬찬히 바라보았다. 긴 시간이 흘렀다.

우리는 얘기를 계속했다. 아우는 아주 정성스럽고 간절하게 내게 말했다.

"본디 나는 불국토에 가서 살고 싶었습니다. 그런데 거기에 간다는 생각만으로도 이내 커다란 공포가 밀려오곤 합니다. 아마 업장 때문인가 봅니다. 그러나 지옥·아귀·축생 같은 데로 가는 것은 생각해 보지도 않았습니다. 내가 그 곳에 갈 인연이 없는 것 같아서요. 어쨌든 나는 지금도 사람의 몸을 얻고 싶습니다. 나는 늘 내가 인간 세상에 있던 시간이 너무 짧았다고 생각합니다. 솔직히 말해 불국토에 가는 것보다는 사람의 몸을 얻게 되길 바랍니다. 그렇게만 된다면 정말 좋겠습니다."

나는 아우의 얘기를 듣고 더 어쩔 도리가 없다는 느낌이 들었다. 그저 이렇게 말할 수밖에 없었다.

"불국 정토는 말로는 도저히 형용할 수 없을 만큼 좋은 곳이야. 무한한 공덕을 갖추고 있는 곳이지. 그런데 네가 그 곳에 왕생하기를 원치 않고 더러움

4. 꿈 여행 이야기

과 죄악으로 가득 찬 인간 세상으로 다시 가고 싶다니, 이건 분명히 너의 업장이다. 상황이 이러니 네가 바라는 대로 할 수밖에 없겠구나. 어쨌든 내가 계속 널 도와 주마. 자, 함께 가자. 청정한 환생의 장소를 지금 바로 찾아보자꾸나!"

나는 아우를 산골짜기에 있는 한 마을로 데려갔다. 거기에 삼층집—환생 단계에서 집 또는 우거진 숲을 보거나 남녀의 성행위를 보면 중음신은 곧바로 들떠 기뻐하며 여자의 태胎 속으로 들어간다—이 있었다. 나는 삼층집을 가리키며 나무라듯 아우에게 말했다.

"너는 환생할 곳을 못 찾겠다고 자꾸 말하는데, 여기가 혹시 네가 환생할 장소일지도 모르겠구나. 얼른 안으로 들어가 보자."

아우는 아무 관심이 없다는 듯 머리를 내저었다.

"이 정도의 환생 장소는 정말 쌓이고 쌓였습니다. 별로 맘에 안 드는데요."

"그래? 그러면 다른 곳으로 가 보자."

멀지 않은 곳에 삼층집이 한 채 더 있었다. 나는 동생에게 말했다.

"저기가 어떨지 모르겠다. 뒤쪽으로 돌아가서 살

4. 꿈 여행 이야기

펴보자."

우리는 집 뒤쪽으로 돌아가서 지붕을 타고 기어올랐다. 지붕에 난 창문께로 사다리가 하나 걸쳐져 있었다. 나는 사다리를 밟고 아래로 내려가며 아우에게 말했다.

"내가 먼저 가서 살펴볼게. 뒤따라오거라."

아우는 위에서 이리저리 보는가 싶더니 탐탁치 않아하며 아래로 내려오지 않았다.

나는 이층으로 내려갔다. 집 안이 텅 비어 있는 것 같았다. 사람이 살지 않는 집인 듯했다. 서까래와 기둥이 당장이라도 쓰러질 것처럼 보였다.

다시 일층으로 내려갔다. 집 안이 온통 더러운 진흙과 잡초, 마른 뼈다귀와 썩은 살덩어리로 가득했다. 게다가 동물의 창자가 잔뜩 널려 있고 군데군데 핏자국도 남아 있어 악취가 아주 심했다. 벽에는 태반이 묻어 있고 더럽기 그지없는 물건들이 함부로 어질러져 있어서, 보기만 해도 욕지기가 치밀어올랐다.

나는 더러운 기운이 옮을까 봐 두렵고 토악질도 참기 어려워 그 집에서 빠져 나가려고 구멍이 나 있는 곳으로 달려갔다.

4. 꿈 여행 이야기

'내 아우가 이런 집에서 태어난다는 건 정말 안 될 일이야. 좀 나은 곳을 찾아보자.'

뚸지셴찬은 이미 마당에 내려와 있었다. 아우가 낮은 소리로 서글픈 노래를 읊조렸다.

"많고도 많구나, 더러움에 찌든 악업의 집. 적고도 적구나, 선업의 장소. 아, 애달프다. 죽음의 좁은 길, 실오라기만큼의 자유도 없구나. 걷고 또 걷는구나, 끝없는 길……."

길게 멀어져 가는 노래 소리를 따라, 아우도 그렇게 발걸음을 옮기고 있었다.

나는 아우가 떠나는 것을 보자 마음이 조급해졌다. 얼른 달려가서 아우를 위로해 주고 환생할 만한 곳을 찾아 주고 싶었다. 그러나 문이 너무 좁고 작아서 쉽게 밖으로 나갈 수가 없었다.

차츰 멀어져 가는 슬픈 곡조를 듣고 나는 온 힘을 다해 문을 박차고 나왔다. 큰 소리로 아우를 불렀다.

"뚸지셴찬, 뚸지셴찬, 뚸지셴찬……!"

그러나 아무런 대답이 없었다. 아우는 가뭇없이 사라졌다.

나는 너무나 슬프고 괴로워서 견디기 어려웠다. 마음속에서 이루 말할 수 없이 큰 자비심이 일었다.

4. 꿈 여행 이야기

 '아아! 가엾은 아우를 다시 만나 시원스레 얘기도 나누지 못하고……. 이게 모두 다 쓰러져 가는 이 집 때문이다! 조금 전에 손을 놓지만 않았다면 이렇게 되진 않았을 텐데! 이젠 어딜 가서 아우를 찾아야 하나. 이게 우리의 마지막 만남일지도 모른다. 하지만 나는 계속 아우를 찾아볼 것이다. 아우를 다시 찾으면 처지가 어떤지 낱낱이 물어 봐야지. 불법으로 아우를 설득해 극락 정토에서 왕생하도록 하는 것이 가장 바람직하지만, 그렇게 할 수 없다면 환생하기 좋은 곳이라도 알아봐 줘야지.'

 근심과 괴로움으로 가득 찬 아우를 생각하기만 해도 내 마음은 너무나 비통했다. 나도 그러한데 막상 아우의 고통은 얼마나 심하겠는가. 말로는 도저히 표현할 수 없을 것이다.

 나는 다시 아우의 이름을 불렀다. 뚸지셴찬을 찾으려고 걸음을 옮기려는데 마음만 간절할 뿐, 몸이 뜻대로 움직이지 않았다. 그 때 나는 꿈에서 깨어났다.

 네다워즈 대사의 꿈 이야기는 이렇게 끝이 납니다. 뚸지셴찬은 아직도 환생할 곳을 못 찾고 중음 세

4. 꿈 여행 이야기

계를 떠돌고 있을까요? 그는 어떻게 되었을까요? 녜다워즈 대사의 꿈 이야기 속에서 이 대목에 관한 상세한 설명은 나오지 않습니다. 그래서 저도 길게 얘기할 수는 없습니다. 다만, 이 이야기의 끄트머리에 짧지만 우리를 안심시키는 말이 나옵니다.

"뙤지셴찬은 뒤에 환생하기 좋은 곳을 찾아 사람의 몸을 얻었다. 환생한 그는 문 해탈법을 익히는 데 정진해서, 이 법문을 널리 알리고 빛내는 성취자가 되었다."

4. 꿈 여행 이야기

불국토와 극락 세계
챠오메이 린포체의 꿈 체험

챠오메이 린포체는 십칠 세기 사람입니다. 젊을 적에 견문을 넓히고 깊이 사색해서 일찍감치 그 이름을 티베트 일대에 떨친 분입니다. 그리고 나머지 반생을 바깥과 접촉을 끊고 수행에만 힘을 쏟아 티베트 불교 가쥐(까귀)파 최고의 수행 경지인 '대수인 일미 유가大手印一味瑜伽'를 성취했습니다. 대사는 또 네이뙤 가쥐파를 창시하고 닝마파의 '대원만법'과 가쥐파의 '대수인법'을 융합해 하나의 수행법으로 만들었습니다. 챠오메이 린포체는 설법을 하든 책을 내든, 수행을 통해 터득한 것을 늘 알아듣기 쉬운 말로 풀어 주었습니다. 문장의 수사나 화려함을 좇는 분이 아니어서, 통속 언어로 중생을 깨우치고 교화했습니다. 사람들은 대사의 글을 보기만 해도 그가 진정한 대보살이요, 경험이 아주 풍부한 수행의 성취자임을 알 수 있었습니다.

대사는 자기의 왕생 극락을 기원하는 데 그치지 않고 어머니의 몸종들과 늙은 암소 한 마리까지 극락 세계로 이끌었습니다. 대사가 쓴 '극락 발원문'을 보고 숱한 중생이 극락 왕생에 마음을 내게 되었습니다. 챠오메이 린포체의 꿈 이야기를 몇 가지 소개합니다.

어메이산에 참배하러 가다

어린 시절 나는 밀법 수행을 조금 이해하고 있었다. 한번은 꿈 속에서 내가 하늘을 날고 있었다. 어메이산(아미산峨眉山)에 참배하러 가는 길이었다. 다저라는 곳을 막 지나려던 참인데, 흑회색의 산봉우리 하나가 눈에 들어왔다. 나는 밑으로 내려갔다.

"옴아훔 반절 거르바마 쓰더훔. 옴아훔 반절 거르바마 쓰더훔……."

몇 사람이 그 산기슭에서 파드마 삼바바 대사의 주문인 '연사심주蓮師心呪'를 외우며 땔감을 줍고 있었다.

나는 다시 하늘로 날아올라 얼마 뒤 어메이산 꼭대기에 다다랐다. 거기에는 절이 두 곳 있었다. 나는 사찰의 등불을 관리하는 스님에게 어메이산의 상황에 관해 이것저것 물어 보았다. 그러나 서로 말

4. 꿈 여행 이야기

이 달라서 자유롭게 얘기를 나눌 수 없었다. 그 스님은 귀찮아하며 나를 나무라려고 들었다.

나는 산꼭대기에서 둥그런 불광佛光이 허공에 떠 있는 것을 보았다. 몸이 파란 보현 보살이 그 불광 복판에서 두 손으로 무드라(印)를 짓고 있었는데—전하는 말에 따르면 어메이산은 보현 보살의 도량이다—, 보살의 모습이 홀연히 사라졌다가 홀연히 나타나곤 했다.

사방을 둘러보니 크고 작은 봉우리들이 오르락내리락 길게 이어져 있었다. 아침 해가 동쪽 산꼭대기에서 천천히 솟아오르자 햇살이 은은하게 하늘가로 퍼져 나갔다.

나는 완선산完神山 성지까지 참배한 뒤에 거처로 돌아왔다. 할머니가 막 우유차를 끓이고 있던 참이었다. 그러고 나서도 나는 계속 꿈 속에 빠져 있었다.

오후가 다 되어 할머니가 나를 흔들어 깨웠다.

"너 아직도 자고 있구나. 빨리 일어나라."

나는 곧 잠에서 깼다.

4. 꿈 여행 이야기

꿈 속에서 우진鄔金에 다녀오다

어느 날 저녁, 나는 잠이 들자마자 아주 쉽게 '광명 꿈' 속으로 들어갔다. 아직 정신이 맑아서 스스로 광명 상태에 있음을 알 수 있었다. 나는 그 기회에 친척으로 가까이 지내던 차이종이 어디에서 다시 태어나서 살고 있는지 보고 싶었다.

마음을 한 곳에 모으자 눈앞에 곧바로 불국토가 나타났다. 정토의 중심부에 도시들이 빼곡히 들어차 있었다. 그 도시들을 거느리듯 복판에 구릿빛 지상산(길상산吉祥山)이 우뚝 솟아 있었다. 지상산 위쪽에는 사원들이 무리지어 들쑥날쑥하게 여러 겹을 이루며 찬란하게 빛나고 있었다. 그 사원들이 팔방으로 손을 벌려 둘러싸고 있는 곳, 거기가 바로 파드마 삼바바 대사가 머물고 있는 성지 '연화 광명궁蓮花光明宮'이었다.

나는 도시와 사원들은 찬찬히 살펴보지 않았다. 내가 특별히 유의해 살핀 것은 산꼭대기에 웅장하게 자리잡고 있는 연화 광명궁이었다. 연화 광명궁은 경전을 보관하는 거대한 절집 같았고, 위풍 당당한 성채 같기도 했다. 크고 높은 도시와 사원들이 잘 조각해 놓은 벽처럼 그 궁전을 둘러싸고 있었다.

4. 꿈 여행 이야기

　나는 그 꿈 여행에서 차이종을 보지 못했다. 그러나 차이종이 이미 다시 태어나서 살고 있다는 느낌은 분명히 들었다.

극락 세계를 보다

　어느 날 저녁, 나는 꿈 속에서 극락 세계에 가 보기로 마음먹었다. 나는 서쪽으로 날아갔다. 한참 날다 보니까 문득 이런 생각이 들었다. '꿈 속 의식의 몸은 본디 마음만 먹으면 하고 싶은 대로 다 할 수 있는 게 아니던가. 그렇다면, 이미 극락 세계에 다 왔다고 여기면 어떨까?' 과연, 나는 곧바로 극락 세계에 닿았다.

　내 눈에 들어온 극락 세계의 정경은 이러했다. 유리로 된 대지가 쪽빛 하늘같이 맑고 아름답게 빛나고 있었다. 끝간 데 없이 드넓은 땅의 복판에는 아미타불이 붉디붉은 산호珊瑚 무더기처럼 거대하고 뚜렷하게 빛나고 있었다. 마치 찬란히 빛나는 해 같아서 한눈에 아미타불을 다 보기는 어려웠다. 그러나 아미타불을 양 옆에서 모시고 있는 협시 보살들의 모습은 제대로 볼 수 있었다. 오른쪽에는 관세음

4. 꿈 여행 이야기

보살이 뿌리와 줄기가 달려 있는 연화좌 위에 단정하게 서 있었고, 왼쪽에는 분노 어린 모습을 한 금강수 보살이 있었다 대개는 아미타불 왼쪽에 분노 어린 모습이 아니라 고요한 모습을 한 금강수 보살, 즉 대세지 보살이 있다. 그리고. 다른 보살들의 모습은 잘 알아볼 수 없었다.

 나는 경건하고 정성스럽게 기도하고 머리를 조아려 절을 올린 뒤에 희열이 가득한 상태로 거처로 돌아왔다.

4. 꿈 여행 이야기

시공을 초월한 여행
뚸친저 린포체의 꿈 이야기

뚸친저 린포체는 티베트 불교 닝마파의 13대 조사 진메이린바(智悲光) 존자의 화신입니다.

그는 태어난 지 사흘째 되던 날 저녁, 어머니 품에 안겨 있다가 갑자기 실종되었습니다. 하늘을 자유롭게 날아다니는 여자 성취자인 공행모의 손님으로 초대된 것입니다. 다시 사흘 뒤 새벽에 그는 침대로 돌아왔습니다.

또 뚸친저 린포체가 첫돌이 되기 전 어느 날 저녁에 이런 일이 있었습니다. 갓난아이인 그가 갑자기 벌떡 일어섰습니다. 아기는 서남쪽으로 정신을 모으고 눈앞에 펼쳐지는 파드마 삼바바 대사의 정토를 보았습니다. 그 때 아기의 어머니가 그 광경을 보고 놀라서 외쳤습니다.

"아이가 일어났어요!"

그는 어머니가 외치는 소리를 듣고 곧바로 몰입 상태에서 빠져 나왔습니다. 그러고는 휘청거리며 넘어졌습니다.

4. 꿈 여행 이야기

 열두 살 이후 그는 스승의 가르침에 따라 대사라는 드높은 자리를 포기하고, 세상에 묻혀 구름처럼 떠돌아다녔습니다. 유랑을 하면서 그는 뜻한 바를 훌륭하게 이루었습니다. 부처님의 호법 선신護法善神이 언제나 그를 그림자처럼 따라다니며 보호해 주고 앞일을 예시해 주었습니다. 때때로 그는 사냥꾼의 형상으로 나타나서 많은 동물의 비참한 운명을 마무리지어 주는가 하면, 동물들을 더 살기 좋은 곳이나 청정한 땅으로 이끌었습니다. 또 그는 동물을 죽인다는 오해를 불러일으키지 않으려고 죽은 동물을 살려 놓기도 했습니다.

 한번은 설산에 있는 사람 닮은 귀신 몇몇이 오랑우탄으로 겉모습을 바꾸고 나타나서 그를 손님으로 초대했습니다. 그는 여느 사람은 오를 수 없는 높은 산에 훌쩍 날듯이 올랐습니다. 그 뒤 선정 상태로 이레 동안 거기에서 안주했습니다. 돌아올 때도 계속 선정의 유쾌한 상태에 머물러 있어서, 마치 크게 취해 있는 것처럼 흔들거리며 험한 산꼭대기에서 내려왔습니다. 평소에도 그는 범상치 않은 방법으로 제자들이 크나큰 원만함을 깨닫도록 이끌곤 했습니다. 그는 이렇듯 수행 성취자의 분방하고 구애

4. 꿈 여행 이야기

없는 행동으로 여러 차례 중생을 제도했습니다.

여기에 둬친저 린포체의 꿈 이야기가 있습니다.

어느 날 밤. 꿈 속에서 스승 둬주친 경상셴판 곁에 내가 앉아 있는 것을 보았다. 보아하니 불당 안이었다. 그런데 갑자기 스승이 자리를 박차고 일어났다. 노기가 등등한 모습이었다. 스승은 번쩍이는 보검을 휘두르며 나를 꾸짖었다.

"너 같은 악인은 인간 세상에 있을 아무 까닭이 없다."

스승은 검을 들어 단번에 내 머리를 내리쳤다. 나는 이렇게 해서 죽었다.

스스로 중음 세계에서 떠돌고 있다고 느꼈는데, 갑자기 스승이 내 앞에 나타났다.

"나는 이미 너를 죽였다. 그런데 임종 중음과 법성 중음이 나타났을 때 너는 여전히 해탈을 얻지 못했다. 지금 네 몸은 중음 세계에 있다. 믿지 못하겠거든 네 발자국과 그림자가 남아 있는지 봐라."

나는 얼른 내 발께를 내려다봤다. 발자국과 그림자, 아무것도 없었다⋯⋯.

'이거 정말 큰일났구나.'

4. 꿈 여행 이야기

나는 덜컥 겁이 났다.

'여기가 정말, 사람을 전율케 하는, 그 중음 세계란 말인가.'

나는 절박하고 맹렬하게 스승에게 기원했다.

스승이 근엄하게 말했다.

"너는 반드시 지옥에 한 번 가야 한다."

마음속에 견디기 힘든 고통이 밀려왔다. 그러나 스승에 대한 믿음은 털끝만큼도 줄어들지 않았다. 스승이 갑자기 사라졌다.

그러자 곧바로, 나는 누이동생이라고 생각되는 소녀와 함께 어느 평원에 도착했다. 그 곳에는 많은 사람이 있었다. 어떤 사람들은 옷을 입고 있었고, 어떤 사람들은 옷을 벗고 있었다.

나는 소녀에게 물었다.

"저 사람들이 누구지?"

소녀는 차분하게 대꾸했다.

"저 사람들은 모두 중음의 존재, 말하자면 중음신들입니다."

우리는 함께 걸었다. 산어귀를 하나 지나자 갑자기 온몸이 오싹해지며 털끝이 쭈뼛해졌다. 눈앞에 칠흑 같은 어둠이 깔리고, 발 아래로 쇳물 같은 것

4. 꿈 여행 이야기

이 흘러 땅 거죽이 붉디붉었다.

 몇 걸음 더 깊은 곳으로 들어가자 실오라기 하나 걸치지 않은 많은 중생이 처참하게 울부짖고 있는 것이 보였다. 그 장면을 보자 마음속에서 자비심이 솟구쳤다. 나는 잠시 생각에 잠겼다.

 '어찌해야 이 사람들을 해탈하게 할 수 있을까?'

 나도 모르게 눈물을 비처럼 쏟으면서, 나는 스승에게 간절히 기도했다.

 곁에 있던 소녀가 빈정대듯 말했다.

 "흥, 저 사람들을 보면서 마음 아파하며 눈물을 흘리고 있군요. 자기가 어떤 처지에 있는지 알지도 못한 채 말이에요. 당신도 저 사람들이 있는 곳으로 곧 내려가야 해요."

 나는 이렇게 생각했다.

 '나의 운명이야 어찌 되든 상관 없다. 저 사람들이 너무 가엾구나.'

 그 때, 소의 머리와 말의 얼굴을 한 귀신 병사 둘이 눈앞에 나타났다. 그들은 기세 등등하게 나를 다그쳤다.

 "빨리 염라 대왕 앞에 나가 신고해라!"

 그들은 내 팔을 잡아끌었다.

4. 꿈 여행 이야기

처음에는 너무나 무서워 겁에 질렸다. 그러나 시간이 좀 지나자 이런 생각이 들었다. '두려워할 필요 없다. 지금 나에겐 육체가 없으니, 누가 나를 괴롭힐 방법이 없다.'

귀신 병사들은 나를 공포의 기운이 음산하게 깔려 있는 성으로 데리고 갔다. 성 안에는 사람 가죽으로 뒤덮인, 무척 높은 법좌가 있었다. 그 법좌 위에는 커다란 검정 옷을 걸친 염라 대왕이 앉아서 오른손에 생사패生死牌를, 왼손에 관찰경觀察鏡을 들고 있었다. 나는 염라 대왕의 모습을 아래위로 살펴보았다. 염라 대왕의 형상을 하고 있지만, 그가 사실은 나의 스승임을 비로소 알아차렸다. 그 순간, 머리가 멍해졌다. 나는 곧바로 스승 앞에 엎드려 절을 하고, 스승의 발을 내 머리 위에 올려놓았다. 그런 뒤에 간절히 빌었다.

"스승이시여, 청컨대 크나큰 자비심을 내셔서, 지옥불에서 신음하고 있는 중생을 구해 주소서."

말하고 또 말하면서, 나는 하염없이 울었다.

"너는 어째서 나를 너의 스승으로 여기느냐?"

염라 대왕은 웃음을 지으며 이렇게 묻더니, 곧 게송을 읊기 시작했다.

4. 꿈 여행 이야기

 "청정한 지혜의 눈으로 나를 보면 내가 곧 너희를 절대 자유로 이끄는, 무서운 형상의 부처님 헤루까요, 오염된 착란의 눈으로 나를 보면 내가 곧 지옥의 염라 대왕이다. 어둡고 어지러운 업에 빠져 있는 중생에게, 순간의 해탈이 어찌 가능할까? 너에게 명하니, 파드마 삼바바 대사가 있는 지상산으로 달려가서 대사의 발 아래 엎드려 계시를 구하라."

 스승이 말을 마치고 손짓을 한 번 해 보이자, 나는 눈 깜짝할 사이에 산어귀로 돌아와 있었다.

 산어귀에는 아까 그 소녀와 목이 굵은 라마승 한 분이 나와 있었다. 나는 두 사람에게 말했다.

 "동색 지샹산으로 가야 하는데 길을 모릅니다."

 소녀가 하늘을 가리키며 말했다.

 "저 위에 세 갈래 길이 있는데, 가운데 것이 바로 지샹산으로 가는 길입니다."

 우리 세 사람은 가운데 길을 따라 걸음을 옮겼다. 알고 보면 그 길은 진짜 길이 아니었다. 그저 불그스름한 빛일 따름이었다. 그러나 육체가 없는 나로서는 그런 길이 아무 문제도 되지 않았다. 나는 마음을 푹 놓고 대담하게 빛 속을 걸었다.

 우리는 오래지 않아 어느 호숫가에 닿았다. 물 위

4. 꿈 여행 이야기

가득히 안개가 자욱했다. 호숫가 한쪽에서 은백색의 해골 넷이 손발을 휘저으며 춤을 추고 있었다. 그들은 우리를 에워싸고 돌면서, 이를 드러내고 손짓 발짓을 하며 여러 가지 마귀를 몰아 내는 시늉을 했다. 목 굵은 라마승이 합장하고 해골들에게 간청했다.

"무서운 형상으로 나타나서 저희를 이끌어 주시는 부처님 헤루까께 바라옵니다. 부디 저희에게 길을 일러 주소서."

그 말이 끝나자마자 해골들은 물 곁을 스치며 멀리 사라졌다. 그들이 사라진 자취가 마치 우리를 이끄는 길처럼 작고 하얀 빛줄기로 바뀌었다. 우리는 빛줄기를 따라 서슴없이 나아갔다. 얼마 뒤 일행은 물결 위를 가볍게 넘어 건너쪽 기슭에 닿았다.

갑자기, 하얀 빛줄기가 그 자리에서 사라졌다. 머리를 들어 쳐다보니 그 빛줄기는 머나먼 허공 속으로 뻗어 있었다. 우리는 다시 하얀 빛줄기가 가리키는 대로 함께 나아갔다.

공중에서 내려다보니, 나찰羅刹—악귀의 한 가지— 세계가 붉게 드러났다. 어떤 곳은 구릿빛이었고, 어떤 곳은 철회색으로 보였다. 어떤 곳은 사람 머리

4. 꿈 여행 이야기

와 해골들로 가득했고, 어떤 곳에는 풀로 엮은 집들이 모여 있었다. 나찰들은 몸집이 굵직하고 컸으며, 생김새가 흉악하고 잔인해 보였다. 모두 무서운 차림을 하고 있었는데, 머리가 하나인 것이 있는가 하면 머리가 둘, 심지어 셋인 것도 있었다. 어떤 것들은 숨붙이를 죽이고, 어떤 것들은 어지러이 춤을 추고, 어떤 것들은 씨를 뿌리거나 밭을 갈고, 어떤 것들은 나무 곁에 앉아 있었다. 놀이를 하는 것들도 있었다.

우리는 눈길을 거두고 그 곳을 스쳐 지나서 높은 문이 있는 커다란 집 앞에 도착했다. 문 곁에는 붉은빛을 띤 웬 아가씨가 손에 낫을 들고 있었다. 그 여자가 우리에게 물었다.

"당신들은 왜 이 곳에 왔습니까?"

"지옥에 갔는데 스승께서 내게 동색 지상산으로 파드마 삼바바 대사를 찾아가라고 하셔서 오게 됐습니다. 파드마 삼바바 대사님이 계신 곳을 알려 줄 수 있는지요?"

그 여자가 다시 물었다.

"그렇다면 당신은 지옥에서 염라 대왕을 보았습니까?"

4. 꿈 여행 이야기

"보지 못했습니다. 다만 나의 스승님을 뵈었을 뿐입니다."

그 여자는 감탄하듯 말했다.

"염라 대왕을 스승으로 알아봤다니, 지혜가 때묻지 않았군요. 당신은 안으로 들어가도 됩니다. 안에 삼층으로 된 궁전 한 채가 있습니다. 맨 아래층이 집수전集修殿입니다. 라샤튀창 연사蓮師가 안주하고 계신 곳입니다. 그러나 거기는 당신이 갈 수 없는 곳입니다. 아직 인연이 익지 않은 까닭입니다. 이층과 삼층은 당신도 가야 할 때가 이미 됐습니다. 오른쪽의 기다란 계단을 통해서만 위로 올라갈 수 있습니다. 거기서는 만물을 다스리는 파드마 삼바바 대사가 티베트 쪽을 향해 앉아 티베트의 중생이 깨달음에 이르도록 도와 주고 계십니다. 자, 당신은 바로 그 곳으로 가면 됩니다."

나는 그 얘기를 듣고 기쁨에 들떠 백 개가 넘는 계단을 단숨에 뛰어올랐다. 서둘러 삼층에 올라가 보니 그 곳에는 갖가지 보석으로 장식된, 화려하고 아름다우면서도 장엄하고 커다란 암굴이 있었다. 괴석들이 우뚝우뚝 솟아 있는 굴 속에서는 주문 소리가 부드럽게 흘러나오고 있었다. 높이 뜨기보다

4. 꿈 여행 이야기

깊고 무겁게 내려앉아 사람의 혼백을 울리는 그런 소리였다. 암굴 안에서는 뜻한 바를 이룬 여자 수행자인 공행모들이 노래하고 춤추며 상서로운 정경을 펼치고 있었다. 굴 복판의 마당에는 오색 비단이 깔린 방석이 층층이 놓여 있었는데, 거기에 나의 스승이 파드마 삼바바 대사의 자세로 고요히 앉아 있었다. 그 정경을 보자 내 마음속에서는 그 무엇에도 비길 데 없는 신심이 우러났다. 나는 경건하고 정성스럽게 기원했다.

"스승께 감사드립니다. 당신께서는 나로 하여금 더러운 몸과 멀리하게 하셨고, 이 청정한 곳에서 당신을 참배할 수 있도록 하셨습니다. 청컨대 크나큰 자비심으로 저를 받아 주시고 제게 불법을 내려 주소서."

그러자 스승은 나를 뚫어져라 바라보면서 알지 못한다는 투로 말했다.

"너는 누구냐? 너는 어디에서 왔느냐?"

나는 그 동안의 일들을 낱낱이 털어놓았다.

스승이 내게 말했다.

"나는 너를 죽인 적이 없고, 또 지옥에 간 적도 없다."

4. 꿈 여행 이야기

그 말을 듣고 나는 머리가 멍해졌다. 스승은 웃음을 지으며 다시 말했다.

"너는 거친 습기와 업력에 구애되지 않았다. 스승에 대한 너의 신심이 아주 단단해서 도저히 잘라 버릴 수가 없구나. 스승이 보검으로 네 목을 벤 것은, 너의 속내 깊은 곳에 의혹과 사견이 있는지 보려고 한 것이다. 아울러 윤회에 대한 너의 집착을 끊어 없애려고 한 것이다. 너는 지옥에 한 번 갔다. 그것은 너로 하여금 무시무시한 윤회의 지옥 업보를 알게 하려는 것이다. 그리고 네가 염라 대왕을 스승이라고 여긴 것은 너의 습기가 그나마 약하다는 것을 뜻한다."

이어서 스승은 게송을 읊었다.

"내가 곧 스승이요, 스승이 곧 나다. 일체가 나의 화신이니, 나를 보는 것이 곧 모든 부처를 보는 것이다. 스승에 대한 믿음이 튼실하면 스스로 해탈하여 본성을 안다. 후퇴 없는 수행의 경지를 얻기 전에는 요괴와 마귀의 장애가 숱하게 많으니 정성스레 나에게 기도해라! 성냄과 남을 해침과 흉악한 죄업이 깨달음을 얻는 데 장애가 되니 부처와 보살의 보호를 간구해라. 이 모두가 꿈이 드러내는 것이니

4. 꿈 여행 이야기

너는 속히 너의 거처로 돌아가라. 너와 인연 있는 모든 중생이 너로 말미암아 이익과 해탈을 얻길 바란다!"

이 말을 마치고 스승은 오른손에 들고 있던 금강저金剛杵를 내 머리 위에 얹어 놓았다. 그러자 흰빛을 띤 한 아가씨가 내게 항아리 속의 감로를 세 모금 마시게 했다. 주변의 공행모들이 모두 '연사 성취주蓮師成就呪'를 외우기 시작했다. 얼마 뒤 나는 문 쪽으로 돌아왔다.

그 소녀는 여전히 거기에서 나를 기다리고 있었다. 소녀는 기쁜 목소리로 내게 말했다.

"축하드립니다. 당신은 이미 만물을 다스리는 파드마 삼바바 대사의 가피를 얻었습니다. 저 계단 위에서는 파드마 삼바바 대사께서 신통력으로 빚은 아홉 분의 분신이 지금 중생을 제도하고 있습니다. 그 가운데 세 분의 분신은 한 몸이 되어 이미 티베트로 떠났습니다. 한 분은 현재 불국토를 돌아보고 있고요. 저 위에는 이제 다섯 분이 남아 있습니다. 그분들은 줄곧 히말라야의 중생을 보살피고 있습니다. 당신의 경우는 인연이 덜 익어서 아직은 그 곳으로 갈 수 없습니다. 수행의 공덕이 원만해질 때까

4. 꿈 여행 이야기

지 더 기다려야 합니다. 이제, 돌아가세요."
　나는 눈같이 하얀 깃털이 난 커다란 수리의 날개에 올라탄 채 하늘을 가르며 집으로 돌아왔다.

4. 꿈 여행 이야기

새로이 펼쳐지는 세계 — 도솔천
진메이펑춰 대사의 꿈 이야기

  중국 쓰촨성四川省 써다에 있는 우밍 불학원五明佛學院의 방장 스님인 진메이펑춰 대사는 파드마 삼바바 대사의 상수 제자 뒤지둔종이 환생한 분입니다. 그는 1933년 뒤커 지방에서 태어났습니다. 대사는 태어나자마자 좌정한 채 눈을 똑바로 떴으며, 태반을 법의처럼 어깨에 두르고 '문수심주文殊心呪'를 일곱 번 외웠습니다. 이 정경은 주위 사람들을 놀라게 하기에 충분했습니다. 열여섯 살 때 마이펑 린포체가 몸소 대사 앞에 나타나서 불법을 전해 줬고, 이를 통해 진메이펑춰 대사는 '대원만법'을 철저하게 깨달았습니다. 열여덟 살 때 대사는 쓰취로 가서 투덩췬페이 존자에게 배움을 청하고, 견문을 넓히는 한편 깊이 사색했으며, 밀종密宗과 현종顯宗의 가르침을 두루 공부했습니다. 진메이펑춰 대사는 또 후세 중생의 성불을 위해 땅 속에 묻어 둔 파드마 삼바바 대사의 가르침을 찾아 내서 그것을 바탕으로 자기의 깨달음을 자유 자재로 풀이해 냈습니다.

4. 꿈 여행 이야기

 대사는 말법未法 시대에 바른 법의 기둥을 세우기 위해, 아울러 수많은 중생을 제도하기 위해, 1980년 라롱고우에 머물면서 광대하면서도 깊이 있는 티베트 밀종의 가르침을 널리 전했습니다. 또 대사는 승려들의 소질을 높이기 위해 승단을 바로잡고, 계율을 청정하게 했으며, 학습과 수행을 모두 중시하도록 이끌었습니다. 그래서 대사를 따르는 승려들 가운데에서 재주와 덕망을 겸비한 여러 인재가 나왔습니다. 그뿐 아니라 대사는 극락의 문을 크게 열어 선한 인연을 맺은 일반 신도들이 극락 세계에 갈 수 있도록 이끌었습니다.

 요즈음 대사는 눈병에 걸려 건강이 좋지 않은 상태입니다. 그렇건만 중생을 이롭게 하기 위해 고달픔을 마다하지 않고 쉴새없이 부처님의 가르침을 전하고 있습니다.

 다음은 진메이펑춰 대사의 꿈 이야기입니다.

 1992년 10월 1일 밤, 나는 침실에서 쉬고 있었다. 잠이 든 것 같기도 하고 아닌 것 같기도 한 몽롱한 상태에서, 눈앞에 느닷없이 열여섯 살쯤 된 동자가 나타났다. 용모와 차림새가 옛날 이야기에 나오

4. 꿈 여행 이야기

는 동자와 거의 같았다. 동자는 머리를 몇 군데 틀어 올려 쪽을 지었고, 비단옷을 입고 있었으며, 정교하고 아름다운 보석들로 꾸미고 있었다. 얼굴이 옥처럼 수려했다. 동자는 내게 가볍게 말을 건넸다.

"우리 함께 나가요."

나는 숨김없이 피곤한 기색을 드러내며 말했다.

"나는 지금 병에 걸려 기운이 없습니다. 문 밖으로 나가기가 어려울 거 같은데요. 당신은 누구지요?"

"나는 당신이 오래 전부터 알고 있는 친구입니다. 이름은 친바다메이고요. 걱정할 필요 없습니다. 거동이 불편하다면 내가 당신을 업고 가죠."

동자는 말을 마치고 나서 손으로 나를 끌어당겼다. 나는 아무런 걱정 없이 동자를 따라나섰다.

우리는 충산(숭산崇山) 준령을 뛰어넘어 산 속 동굴 앞에 이르렀다. 거기에 나의 스승인 투덩춴페이 존자가 좌정하고 있었다. 겉보기가 예전에 막 원적圓寂—죽음—에 들려고 할 때와 똑같았다. 스승을 보자 내 마음에 희열이 가득 찼고, 비길 데 없는 신심이 우러났다. 나는 어찌나 들뜨던지 아무 생각도 할 수 없었다.

마음을 가라앉힌 뒤에 스승에게 물었다.

4. 꿈 여행 이야기

"스승이시여, 당신은 이미 원적에 드시지 않았나요? 전에 우리가 헤어질 때 저는 스물네 살에 지나지 않았습니다. 이제 저는 예순이 넘어 늙은 빛이 완연하고 얼굴 또한 이런 꼴이 됐습니다. 그런데, 스승이시여, 당신은 전보다 더 젊지도 않았고 더 늙지도 않았습니다. 어떻게 그런 건가요?"

스승은 익살맞게 대꾸했다.

"너무 분별하려 들지 마라. 일체가 곧 이것이 아니요, 일체가 곧 이것이다. 설마 아직도 네가 이 도리를 모르는 건 아니겠지, 하하!"

나는 해명하듯 말했다.

"스승이시여, 요즈음 저는 심장병으로 고생하고 있어 수행에 장애가 큽니다. 게다가 무언지 확실히 진단하기 어려운 병이 또 꿈틀대고 있습니다. 청컨대, 제게 입김을 불어서 당신의 힘을 내려 주소서."

스승이 좀 놀라면서 말했다.

"오호라, 모든 일 가운데 너의 가장 큰 관심사가 네 몸의 질병이로구나!"

나는 너무 부끄러워 스승에게 빌었다.

"크나큰 자비로 구원해 주시는 드높은 스승이시여, 구원받을 인연도 없고 미천한 존재인 저를 자비

4. 꿈 여행 이야기

의 눈으로 살펴 주소서. 비록 수많은 겁이 지나 그 제서야 중생을 아끼는 보리심을 낼 수 있다고는 하나, 제가 제 한 몸의 이익에만 눈이 어두워 있으니 참으로 부끄럽습니다."

말하고 또 말하면서 내 눈에서는 눈물이 하염없이 흘러내렸다.

스승은 나를 위로하며 말했다.

"괜찮다. 부처님의 올바른 깨달음을 수행하는 과정에서 장애를 만나면 그 땐 바로 갑옷을 걸치고 용감하게 바라보는 거야. 자, 이리 와라. 내 머리를 네 머리에 대고 발원문을 염송하겠다. 과거에 쌓아 놓은 복덕과 지혜로 뛰어난 보배인 보리심을 일으키고, 너의 마음에 중생을 불쌍히 여기는 마음이 자연스레 일어, 원컨대 널리 불법을 펴고 중생을 제도하는 공덕을 이루어라."

스승은 발원문을 염송하면서 내 머리에 자기의 머리를 비볐다. 또 나를 매우 아끼는 마음으로 내 볼을 어루만졌다. 나는 이상하게 흥분이 되었고, 속으로 슬며시 이런 생각이 들었다.

'그냥 이대로 스승 곁에 머물 수 있다면 얼마나 좋을까!'

4. 꿈 여행 이야기

그 때, 동자가 다가와서 나를 재우쳤다.

"마음속에 나타나는 것(相)에 집착하지 마세요. 자, 갑시다."

동자는 나를 울창한 숲 속으로 데려갔다. 거기에서는 많은 사람이 고귀한 천자天子 한 분을 에워싸고 있었다.

나는 옆에 있는 친바다메이 동자에게 물었다.

"여기가 뭐 하는 곳인가요? 저분은 누구지요? 그리고 이 사람들은 모두 어디에서 왔나요?"

동자가 말했다.

"여기가 바로 작은 도솔천입니다. 저분이 바로 미륵 보살의 아드님이고요. 이 사람들은 모두 한 번의 생만 더 거치면 성불할 수 있는 일래 보살一來菩薩들입니다. 전에 이들은 모두 왕생 극락을 발원했습니다. 그러나 계율을 어기고 죄를 지은 업장 때문에 왕생 극락하지 못하고 이 곳에서 잠시 태어난 것입니다. 이번 생을 마치면 이 사람들은 곧바로 극락 정토에 갈 수 있습니다."

나는 천자 곁에 다가가서 절을 올리며 간구했다.

"부처님을 보좌하시며 중생의 소망을 들어 주시는 지존, 언제나 자비심을 드러내서 탁한 세상에 법

4. 꿈 여행 이야기

을 전해 중생을 깨우치시는, 저의 귀의처이신 천존天尊 동자 앞에 정성스레 절 올립니다. 어제 제가 발심과 관련된 일련의 교리에 대해 얘기한 내용이 올바른 것인지요?"

천자가 대답했다.

"비록 네 말 가운데 어휘 선택이 정확하지 않은 부분이 있긴 하지만, 내용의 실체는 나의 뜻과 다르지 않다."

나는 또 물었다.

"며칠 뒤에 다시 몇몇 티베트 승려가 자량도資糧道—보살 수행 다섯 단계의 첫 단계로, 선근 복덕을 쌓아 수행의 밑바탕으로 삼는 지위—의 분별 문제에 대한 변론을 준비하고 있는데, 이에 대한 학설이 아주 분분합니다. 이 문제의 핵심을 어찌 해석해야 할지요?"

천자는 웃으며 말했다.

"자량도의 분별을 놓고 얘기해서 뭐 하게? 그런 것이야 이해하지 못해도 깨달음을 얻는 데 아무 문제가 없다. 오히려 대원만법을 수행하는 것이 더 좋지 않겠느냐? 음, 조금 전에 한 말은 웃자고 한 거고. 그 문제에 관해서 내가 쓴 논전論典 속에 몇 가

4. 꿈 여행 이야기

지 관련 구절이 있다. 그 구절들을 체계적으로 분석하고 결론지어 이해한다면, 한 가지로 미루어 백 가지에 통할 수 있을 것이다. 또 그 부분에 관해 하리바드라(獅子賢) 논사論師가 붙인 주석 가운데 좋은 내용이 많으니 참고해 봐라."

나는 천자에게 한 가지 더 물었다.

"「현관 장엄론現觀莊嚴論」—미륵 보살이 지은 5부론 가운데 제1부로서 「대반야경」의 지침서다—을 놓고 티베트 사람들 사이에서 논쟁이 분분합니다. 그 뜻을 어떻게 새겨야 하나요? 이 문제에 관해 저는 어찌 말해야 할지 모르겠습니다. 청컨대, 당신께서 명확하게 일러 주십시오."

천자는 의미 심장하게 말했다.

"오래 전부터 나는 그 문제에 관해 무슨 얘기를 해야겠다고 생각해 왔다. 그러나 아직 때가 무르익지 않았다. 더 기다렸다가 너에게 명확히 알려 주마."

그러더니 천자는 오른손을 내 머리 위에 얹고 이렇게 읊었다.

"선업이 갖춰진 훌륭한 보살아, 너는 머지않아 도솔천에 이르리라. 수많은 보살이 한집에 모여, 너에게 깊은 법을 보여 주리라."

천자가 말을 마치자 모든 것이 사라져 버렸다. 친바다메이 동자는 나를 다시 내 침실로 데려다 주었다. 웃옷을 끌어당겨 몸에 덮어 주면서 동자가 내게 당부했다.

"편히 쉬세요. 그리고 조금 전 그 여행의 의미를 절대 잊지 마세요."

나는 이내 꿈에서 깨어났다.

5. 전생으로 가기

꿈 수련법을 이용하면 지난 기억을 되살려서
전생의 실마리를 찾을 수 있습니다. 특히 '회소 전세법'을
쓰면 꽤 정확하게 전생을 볼 수 있습니다.

꿈 수련법을 이용하면 지난 기억을 되살려서 전생의 실마리를 찾을 수 있습니다. 특히 '회소 전세법回遡前世法'을 쓰면 꽤 정확하게 전생을 볼 수 있습니다. 역대 큰스님들의 전기를 보면 이에 관해 조금씩 다르게 써 놓았습니다. 아디샤 존자가 쓴「추억 전세 몽수법追憶前世夢修法」과 쳬창상졔이시의「추억 전세 경력문追憶前世經歷文」같은 문헌 속에 이와 관련된 수련법과 사례가 많이 나옵니다. 종카바 대사는 이렇게 지적했습니다.

"꿈으로 앞일을 내다보는 것은 가능한 일이긴 하지만 아무래도 한계가 있다. 그러나 꿈과 풍風의 효용을 살려서 전생을 보는 것은 그 정확도가 퍽 높다."

티베트 불교에는 전생을 알아보는 아주 좋은 방법으로 알려진 '회소 전세 수법回遡前世修法'이 전해 내려오고 있습니다. 그러나 이 방법을 익히려면 경험이 풍부한 큰스님의 전수와 자세한 지도가 필요합니다. 이 밖에 몇 가지 특수한 조건을 갖추어야 하고, 아무렇게나 마음대로 수련해서는 안 됩니다. 그래서 수련법의 세세한 내용을 함부로 공개할 수가 없습니다. 다만 여기에서는 티베트 불교의 것과

5. 전생으로 가기

비슷한, 서양 정신 의학 전문가의 방법을 소개합니다. 응용해 보기 바랍니다.

미국의 웨이스 박사가 낸 「생명 윤회―시공을 초월한 전생 요법」이라는 책은 시사하는 바가 큽니다. 이 책을 보면, 최면으로 사람들이 전생을 돌아보게 도와서 질병을 치료하는 얘기가 나오는데, 실제 경험이 풍부하게 담겨 있습니다. 박사는 책에서 이렇게 말합니다.

최면은 환자를 전생의 기억으로 들어가게 하는 중요한 방법이다. 많은 사람이 최면이 무엇인지, 사람이 최면 상태에서 어떠한 반응을 보이는지 잘 알지 못한다. 알고 보면 최면은 조금도 신비스러운 것이 아니다. 최면은 일종의 주의력이 집중된 상태다. 많은 사람이 일상 생활 속에서 비슷한 경험을 하고 있다.

당신이 자신을 완전히 이완시킨 채 주의력을 고도로 집중시키고, 외부의 소음이나 여러 가지 자극에 영향을 받지 않는다면, 당신은 바로 가벼운 최면 상태에 있는 것이다. 최면은 모두 당신 자신의 통제

5. 전생으로 가기

아래에 있는 자기 최면이다. 치료자는 단지 이끄는 사람일 따름이다. 대부분의 사람들은 날마다 최면 상태에 들어간다. 책을 읽거나 좋은 영화를 감상할 때 온 신경이 한 곳에 집중되곤 하던 것을 기억하는가? 또 당신은 가끔 자기 존재를 잊어버리고 그저 하염없이 차를 몰고 집에 가거나 하지는 않는가?

최면의 목적 가운데 하나는 잠재 의식 속으로 들어가는 것이다. 잠재 의식은 우리 심령의 한 부분으로, 정상 의식 밑에 잠복해 있고, 또 혼란스러운 사색·감정·관찰 밑에 잠복해 있다. 잠재 의식의 움직임은, 웬만한 관찰력으로는 짚어 낼 수 없을 만큼 깊이 가라앉아 있어서, 의식이 지각하지 못한다. 그러나 잠재 의식이 움직일 때 의식은 번쩍이는 빛줄기를 느끼곤 한다. 우리는 누구나 찰나의 직관·지혜·창조력을 경험한다.

잠재 의식은 논리·시간·공간의 제약을 받지 않아서, 어떤 시간에 벌어진 어떤 사건이라도 기억해 내고 재생할 수 있다. 잠재 의식은 우리가 어려운 문제에 부딪쳤을 때 묘책을 일깨워 준다. 잠재 의식은

5. 전생으로 가기

사유의 일반 범위를 초월하며, 의식이 닿을 수 없는 지혜의 바다에까지 이르곤 한다. 그러므로 최면은 정신을 집중해 지혜의 바닷속까지 들어감으로써 치료의 목적을 달성하는 방법으로 활용할 수 있다. 그저 의식과 잠재 의식 사이의 관계를 다시 조정하기만 하면, 곧 잠재 의식이 제 구실을 다하도록 길만 터 주면, 바로 최면 상태에 들어갈 수 있다. 최면 상태는 깊기도 하고 얕기도 하다. 최면 기술을 어떻게 발휘하느냐에 달린 것이다.

당신이 최면에 들어갈 때, 당신은 절대로 자는 것이 아니다. 당신의 의식은 여전히 당신이 지금 무엇을 하는지 알고 있으며, 당신은 당신의 경험을 판단하고 비평하고 검사할 수 있다. 당신이 말하는 내용도 조절할 수 있다.

최면은 결코 당신으로 하여금 진실을 털어놓게 하는 처방이 아니다. 최면 상태는 당신이 시간의 터널 속으로 들어가서, 현재를 전혀 느끼지 못하는 상태로 갑자기 자신이 어떤 시간, 어떤 장소에 머물러 있다고 느끼는 그런 것이 아니다. 어떤 사람들은 최

5. 전생으로 가기

면 상태에서 본 전생이 마치 영화를 보는 것 같았다고 한다. 더 깊이 몰입한 사람들은 아주 강렬한 정서 반응을 일으키기도 한다. 또 어떤 사람들은 그저 어떤 사건과 정황을 느끼기만 할 뿐, 보고 듣고 하지는 못한다. 듣고 냄새 맡기만 하는 사람들도 있다. 최면에서 깨어난 뒤 그들은 최면 상태 때의 경험을 기억해 내기 시작한다.

사람들은 깊은 최면 상태에 들어가려면 많은 노력이 필요하다고 여기는 듯하다. 그러나 알고 보면 누구나 아무런 노력 없이도 이 상태를 경험한다. 이것이 바로 수면과 깨어 있는 상태의 중간에 놓이는 가수면 상태(hypnagogic state)다. 잠에서 깨어날 무렵 우리는 가수면 상태에 놓인다. 이 어름이 꿈을 가장 생생하게 기억하고 있을 때다. 이 때는 아직 잠에서 완전히 깨어난 것이 아니다. 이 동안은 현실 생활의 기억과 관심사가 아직 심령 안으로 들어가지 않은 상태다. 최면과 마찬가지로 가수면 상태 또한 창조력을 엄청나게 품고 있다. 이렇게 심령이 내면으로 열려 있는 가수면 상태에서 잠재 의식을 계발하면 다른 어느 때보다 효율이 높다.

5. 전생으로 가기

 사람들은 흔히 가수면 상태는 의식이 풀린 상태로, 거기에 들면 의식에서 비롯된 제한이나 장애가 없는 것으로 알고 있다. 가수면 상태에서 우리는 무한 자유의 영역에 들어갈 수 있다. 그 속에는 스스로를 단속하는 울타리가 없다.

 발명가 에디슨은 이런 가수면 상태를 아주 중요하게 생각했다. 그는 정신 집중을 해서 무엇을 발명할 때마다, 스스로 만들어 낸 방법으로 가수면 상태에 들어갔다. 의자에 앉아서 이완과 명상을 통해 잠을 자는 듯도 하고 아닌 듯도 한 의식 상태로 들어가는 방법이었다. 에디슨은 의자에 깊숙이 앉아서 쇠구슬 두 개를 손에 쥔 채 손바닥을 아래로 향하고, 팔꿈치는 몸통에 붙여서 손을 받쳤다. 그리고 바닥에는 쇠판을 깔아 놓았다. 그가 잠에 빠져들려고 하면 손맥이 풀리면서 쇠구슬이 바닥에 떨어졌다. 그것이 바닥의 쇠판에 떨어질 때 나는 소리가 그를 잠에서 깨웠다. 에디슨은 이 동작을 몇 번이고 되풀이했다.

 가수면 상태는 최면 상태와 거의 비슷한데, 웬만

5. 전생으로 가기

한 최면 상태보다 깊이 빠져든다. 어떤 사람들은 이 상태를 이용해 창의성 있는 아이디어를 떠올려서 인류 사회를 복되게 한다. 에디슨이 전구를 발명해 인류 사회에 커다란 이바지를 한 것처럼 말이다.

세계 곳곳의 전문가들은 경험에 비추어서 이렇게 입을 모은다. '전생을 기억하는 것은 심령과 직관의 차원에서 볼 때 논리적으로 설명이 가능하며, 감각적으로도 아주 편안한 것이다' 라고.

종교와 신앙이 있는 사람들만이 전생을 기억해 내는 것은 아니다. 누구나 이런 체험을 할 수 있다. 어떤 신앙을 가지고 있든지 상관 없다. 전생을 둘러본 경험이 있는 사람들은 다시는 죽음을 두려워하지 않는다. 또 전생 여행 체험이 있는 사람들은 나중에라도 대개 신앙과 종교를 갖게 된다. 그들은 생명과 자연, 환경에 더욱 깊은 관심을 갖게 된다. 그들은 자신을 심판하지 않으며, 다른 사람들에게도 훨씬 관대하다. 그들은 사랑에 대해 더욱 깊은 이해를 하게 되며, 인생에 대해 강렬한 사명감을 안고 정신 생활에 더욱 집중한다.

5. 전생으로 가기

　전생 여행을 통해 자신의 죽음을 지켜본 사람들은 생명에 대한 시야와 가치가 달라진다. 당신은 모래와 자갈을 실은 차에 치여 다칠 것을 염려할 필요가 없고, 심장병이 발작할 것을 염려할 필요도 없다. 당신은 그제서야 비로소 영혼을 계발할 기회를 얻고, 인류와 평화를 더욱 사랑하게 된다. 사람들은 전생 여행을 통해 서로 비슷한 죽음 체험을 할 수 있다. 다시는 죽음을 두려워하지 않으며, 새로운 관점으로 사랑의 힘을 확신하고, 나아가서 사랑을 드러내고 표현하기를 바라게 된다.

　전생 여행은 우리의 의식 속에 새로운 이해력과 특수한 재능을 불어넣어 줄 뿐 아니라, 우리의 세속 생활 속에 고요함과 축복, 지혜와 기쁜 마음 따위를 심어 준다. 전생 여행을 하고 나면 많은 사람이 종교와 형이상학에 관심을 기울이기 시작하고, 사업과 일 속에서 창의력을 발휘하게 된다. 또 인간 관계가 개선되는 따위 생활의 여러 방면에 좋은 변화가 나타나며, 내면에 엄청난 역량이 생긴다. 많은 사람이 더 많은 초월 경험을 하고, 더 자주 직관에 의지함에 따라, 외면과 내면의 생활이 모두 아름다워진다. 마음속에는 고요함이 깃들이고, 더욱 평화를 사랑하게 되며, 정신 집중이 잘 되어서 외부의 영향을 쉽게 받지 않는다.

6. 앞일 내다보기

꿈은 그 자체가 하나의 상징으로,
소홀히 여길 수 없는 예언 작용을 합니다.
그러나 여느 사람들은 상징의 실제 뜻을
명확히 알지 못합니다.

꿈 속에서 어떤 징후가 나타나든 지나치게 집착해서는 안 됩니다. 그렇게 집착하면 오히려 수행에 장애가 될 수 있습니다. 아름다운 꿈을 꾸면 우쭐거리며 스스로 교만해지기도 하는데, 아만我慢은 수행에 나쁜 영향을 미칩니다. 또 악몽을 꾸면 근심이 늘어서 몸이 아프기도 하고, 심지어 정신 장애가 생기기도 합니다. 그래서 길한 꿈이든 흉한 꿈이든 거기에 지나치게 집착하면 안 됩니다.

이렇듯 꿈에 지나치게 집착해서도 안 되지만, 그렇다고 지나치게 무관심해서도 안 됩니다. 어떤 사람들은 이렇게 말합니다.

"꿈 속에 나타나는 정경은 허구로 쌓은 환상일 뿐이다. 괜히 힘들여 관찰하고 분석할 필요가 없다."

이런 관점은 올바르지 않습니다. 「십지경十地經」과 「보적경寶積經」 그리고 「몽경 예언경夢境豫言經」에서는 한결같이 꿈 관찰을 통해 깨달음의 징후를 알 수 있다고 말합니다.

밀종 교리서에 이런 얘기가 있습니다.

"자신이 깨달았는지 아닌지 그 증거는 꿈을 관찰하여 얻는다."

또 대원만 가르침에도 이렇게 써 있습니다.

6. 앞일 내다보기

"성취의 징후는 세 가지 문門으로 그 양상을 드러내는데, 성취를 가름하는 기준은 꿈을 판단하는 것이다."

이미 뛰어난 성취를 보인 역대 큰스님들조차 때로는 꿈에 나타난 징조를 보고 앞일을 예언했습니다. 성취하지 못한 여느 사람들은 더 말할 필요가 없습니다. 티베트의 여자 성취자 마제라종은 이렇게 말합니다.

"여느 사람들은 부처님의 출현이나 불성 체득의 여부를 스스로 알아 내기가 무척 힘들다. 그래서 꿈을 관찰하고 판단하는 것을 수행의 옳고 그름을 가르는 표준으로 삼는다."

그러면, 어떤 원리로 꿈을 통해 앞일을 알아 내고, 깨달음도 얻을 수 있을까요? 습기 성분을 지니고 있는 의식과 풍맥 명점風脈明點—풍은 의식을 싣고 다니고, 맥은 풍이 의식을 싣고 몸 안을 돌아다니는 통로며, 명점은 맥 속에 갈무리되어 있는 물질의 한 가지다. 풍은 동양 의학에서 말하는 기氣, 맥은 경맥經脈, 명점은 정精과 비슷한 개념이다—이 우리의 생명을 창조하는 원동력이기 때문입니다. 사건이 일어나기에 앞서 이미 내부에서 움직임

6. 앞일 내다보기

이 있고, 은밀히 다니면서 소리 없이 변화를 일으킴으로써, 의식에 그 자취가 나타납니다. 그래서 우리는 꿈 관찰을 통해 앞날의 일을 미리 알 수 있습니다. 이러한 원리는 동양 의학에서 맥진脈診과 문진問診을 통해 질병에 걸리기 전에 무슨 병이 발생할지 미리 알아 내는 것과 마찬가지입니다.

그렇다면 꿈은 모두 앞일을 예측하는 효용이 있는 것일까요? 그렇지는 않습니다. 어떤 꿈은 예측 작용을 하나, 어떤 꿈은 그렇지 않습니다. 이 문제에 관해 꿈을 연구하는 어떤 학자는 이렇게 말합니다.

"꿈은 대체로 칠십 퍼센트 정도의 내용이 상징과 은유로 이루어져 있고, 십오 퍼센트 정도는 실제 기억이며, 나머지 십오 퍼센트 정도는 변형되고 위장된 것이다."

학자들은 여러 가지 관련 자료를 통해, 대략이나마 과학성이 있는 분류의 틀을 제공합니다. 그러나 꿈을 실제로 응용하는 방면에 들어가면, 어떤 것이 응용 가치가 있는 꿈이고 어떤 것이 응용 가치가 없는 꿈인지, 명확하게 제시하지 못합니다.

티베트 불교의 밀법에는 꿈에 관한 전문적인 논술이 있습니다. 길한 꿈이든 흉한 꿈이든, 꿈을 관

6. 앞일 내다보기

찰할 때에 반드시 알아 두어야 할 사항들을 말하겠습니다.

첫째, 꿈이 나타나는 시간에 따라 꿈의 상황을 초야初夜(어두워진 뒤부터 밤 11시)와 중야中夜(밤 11시부터 새벽 3시)와 후야後夜(새벽 3시부터 7시), 이렇게 세 단계로 나눕니다.

초야에 꾸는 꿈은 습기習氣가 주도합니다. 여기에서 습기는 낮에 먹고 마시고 입고 생활하는 습관의 성분으로, 꿈 속에 숨어 있다가 양상을 드러냅니다. 초야의 꿈은 그 날의 습기, 어제의 습기, 지난 달 또는 몇 해 전의 습기를 포함하며, 심지어 전생에 쌓은 습기도 꿈에 나타날 수 있습니다. 그러나 이런 꿈은 앞일을 내다보고 일러 주는 측면에서 보면 응용 가치가 거의 없습니다. 초야에 꾸는 꿈 가운데 예측의 성질을 갖고 있는 꿈은 극히 적습니다.

중야에 꾸는 꿈은 대개 사람보다는 귀신의 활동에 의해 영향을 받습니다. 이 단계에서 꾸는 꿈은 관찰할 만큼 의미가 있는 것이 별로 없습니다.

관찰할 만한 가치가 가장 높은 시간대는 후야 단계입니다. 이 때 꾸는 꿈은 습기의 영향을 받지도 않고, 귀신의 간섭도 받지 않습니다. 또 꿈의 상태

6. 앞일 내다보기

가 퍽 명확해서 꿈을 깊이 분석하는 데 아주 유리한 조건을 제공합니다. 그러므로 꿈을 관찰하려면 이 단계를 잘 이용해야 합니다.

둘째, 꿈 관찰의 정확도를 높이기 위해서는 올바른 수면 자세가 필요합니다. 그렇지 않으면 기맥氣脈이 정상으로 운행되지 않아서 악몽을 불러일으키기 쉽습니다. 이를테면 옆으로 누워 자거나 손을 가슴의 명치 쪽에 올려놓으면 자칫 가위눌릴 수 있습니다. 그러므로 사자와 자세의 수면 습관을 기르는 것이 가장 좋습니다.

셋째, 몸 어디에 중한 병이 있으면 어지러운 꿈이나 악몽을 꾸기 일쑤입니다. 마찬가지로 정신에 좋지 않은 자극을 받아 마음이 괴롭고 불안할 때도 악몽을 자주 꾸게 되므로 꿈을 관찰하기에는 알맞지 않습니다.

넷째, 낮에 어떤 사람이나 어떤 일에 대해 지나치게 생각하고 걱정했을 때, 밤에 그와 관련된 꿈을 꿀 수 있습니다. 이런 꿈 또한 예측 작용 면에서 가치가 없습니다.

다섯째, 꿈 속의 풍경이 어지럽고 모호하며, 꾼 시간이 짧거나 깨어난 뒤에 거의 기억이 안 나는 꿈

6. 앞일 내다보기

또한 관찰할 만큼 의미가 있다고 할 수 없습니다.

관찰할 가치가 있는 꿈의 특징은 이렇습니다. 꿈이 명확하고, 순서 또한 완전합니다. 꿈을 꾸는 동안 관련 없는 어지러운 꿈이 나타나지 않습니다. 깨어난 뒤에도 꿈이 생생하게 기억납니다. 그리고 마음속에 평소와 달리 예사롭지 않은 느낌이 듭니다.

이런 조건에 맞는다면, 그 꿈은 관찰할 가치가 있습니다.

앞일을 내다보게 하는 꿈은 크게 보아 두 가지가 있습니다. 하나는, 앞으로 일어날 사건이 꿈 속에 거의 그대로 나타나는 종류입니다. 예를 들어, 꿈 속에서 처음 가 보는 곳에서 모르는 사람을 만났는데, 얼마 지나지 않아 현실에서 그 비슷한 사건이 정말로 일어나는 것입니다. 나머지 하나는, 앞으로 일어날 사건이 꿈 속에서 상징으로 나타나는 종류입니다. 예를 들어, 꿈 속에서 용을 타고 하늘을 난다면 그것은 명성을 떨치거나 높은 지위를 얻게 되는 것을 상징합니다. 실제로 용을 타고 하늘을 난다는 것을 뜻하지는 않습니다.

6. 앞일 내다보기

꿈은 그 자체가 하나의 상징으로, 소홀히 여길 수 없는 예언 작용을 합니다. 그러나 여느 사람들은 상징의 실제 뜻을 명확히 알지 못합니다. 여기에 상징성이 있는 꿈을 어떻게 풀고 어떻게 받아들여야 할지 소개합니다. 마이펑 린포체의 「각류 관찰문各類觀察文」과 역대 큰스님들의 기록을 바탕으로 꿈이 지니고 있는 상징의 뜻과 그 작용을 소개합니다.

선지식, 부모, 명망 높은 도인, 천인天人 같은 이가 꿈 속에서 자신을 공경하며 찬탄해 마지않는 정경, 코끼리·말·사자·기러기 같은 상서로운 동물, 큰 과일이 주렁주렁 달려 있는 나무, 물결이 세찬 바다, 아름다운 꽃으로 가득한 뜰, 여러 가지 꽃이 아름답게 피어 있는 들판, 부드럽게 흩날리는 맑고 가는 비, 이런 것이 보이면 상서로운 꿈입니다.

해나 달이 솟는 정경, 농부가 씨를 뿌리거나 밭을 가는 정경, 농작물이 자라는 정경, 화려한 장식, 아름다운 옷과 맛있는 음식, 부유하고 넓은 집, 화려하고 귀한 가구 같은 것이 보이거나 고상하게 차려입은 예쁜 소녀가 자기에게 선물을 주는 꿈 따위는

6. 앞일 내다보기

복 또는 재물이 들어오거나 장수를 누리게 됨을 나타내는 길조입니다.

　갑옷을 걸치고 손에 무기를 든 채, 원한에 맺힌 적을 없애 버리거나 적과 싸워 이기거나 위기를 가라앉히는 꿈은 수행의 장애를 없애 버리는 내용입니다.

　무사가 되어 손에 창과 방패를 들고 든든한 요새에 앉아 있는 꿈은 질병을 피하게 되거나 악마가 만들어 내는 재액을 막는 내용입니다.

　장엄한 깃발을 높이 들거나 색색의 상서로운 기를 휘날리는 정경, 큰 북을 울리거나 소라를 부는 정경, 회의를 이끌어 가는 정경이 보이면, 머지않아 명성이 널리 퍼져 나감을 일러 주는 꿈입니다.

　높은 산이나 옥상에 오르는 꿈, 계단을 올라가는 꿈, 차를 타거나 교자에 앉는 꿈, 소나 말에 올라타는 꿈, 범이나 사자 위에 올라앉는 꿈, 대붕이나 용을 타고 나는 꿈, 해와 달을 부리고 하늘을 나는 꿈

6. 앞일 내다보기

따위는 불법을 닦아 도를 깨치는 데 성취가 있다는 표시입니다. 이런 식으로 유추해 보면, 비행기나 배를 타는 꿈, 우주 여행을 하며 날아다니는 꿈 따위는 확실히 상서롭습니다.

먹구름이 잔뜩 끼고 천둥 소리가 세차게 울리거나 꽃비가 쏟아지는 꿈, 입으로 해나 달을 삼키거나 큰 바다를 마시는 꿈, 불더미에 뛰어들거나 거센 불꽃을 삼키는 꿈 따위는 아주 빨리 티베트 불교의 밀법 수련을 성취한다는 것을 뜻합니다.

다른 사람에게 법을 전해 주는 정경, 아름다운 거울에 자신을 비추어 보는 정경—거울 속의 자신이 만일 머리에 관을 쓰고 있지 않다면 그다지 길하지 않습니다—, 손에 부처님의 교법 또는 해나 달을 받쳐 들고 있는 정경, 산을 들어서 이리저리 돌리는 정경이 펼쳐지는 꿈은 불법에 널리 통한다는 뜻입니다.

하늘을 날아 여러 대륙을 여행하는 꿈, 산꼭대기에 올라서 무한한 우주를 바라보는 꿈, 바다 위로

6. 앞일 내다보기

다니는 꿈, 손에 등불을 들고 있는 꿈, 해의 중심을 바라보는 꿈 따위는 불도를 닦아 크게 깨닫는다는 표시입니다.

목욕 재계한 뒤 흰 옷을 입고 설산에 오르는 꿈, 동터 오는 새벽빛을 바라보는 꿈, 수정 탑 둘레를 도는 꿈, 불 속에 앉아 있는(「십지경十地經」에서 발췌) 꿈 따위는 불도를 닦는 데 방해가 되는 죄업이 맑아진다는 표시입니다.

배를 만들거나 다리를 놓는 꿈은 사람들이 선업을 쌓도록 돕고, 중생을 제도한다는 뜻입니다.

수행하는 동안 꿈 속에서 부처님과 보살의 성스러운 형상을 보거나 불교 경문을 넣는 함(經函)을 얻는 것, 자유롭게 하늘을 날아다니는 것, 머리에서 싱싱한 꽃이 자라거나 커다란 나무에 올라가는 것, 시가詩歌를 쓰는 것, 손에 보검을 들고 있는 것, 몸을 화려하게 치장하는 것 따위는 수행이 이미 정도正道에 들어갔음을 뜻합니다.

6. 앞일 내다보기

이제껏 한 번도 본 적이 없는 흥겨운 풍경이 펼쳐지는 곳에 이르러, 아름다운 소녀가 기쁘게 자신을 맞이하고, 꽃과 과일과 음식이 풍성하게 보이는 꿈은 어떠한 성취를 하게 되는 것을 나타냅니다.

자신이 부처님으로 변하는 꿈, 믿고 의지하는 본존—자신의 신앙 대상인 크나큰 지혜의 성취자—과 하나로 합쳐지는 꿈, 많은 보살과 여자 성취자들이 자기에게 예를 올리거나 상징적인 방식으로 불법을 전하는 꿈 따위는 본존 성취를 하게 되리라는 것을 뜻합니다.

여기에서 잠깐 본존법을 수련하는 문제에 관해 얘기하겠습니다. 지금 온 마음으로 어느 한 부처님이나 보살을 따르며 그의 법을 수련하고 있는데, 꿈속에서 그 본존과 다른 스승이나 부처님 또는 보살이 자기에게 가피를 내리는 장면을 보게 되면, '본존을 바꿀 필요가 있지 않을까?' 하는 의문이 생깁니다. 이에 대해 챠오메이 린포체는 "이것은 본존 수행이 이미 성취되었음을 뜻하는 것으로 본존을 바꿀 필요가 없다"고 말합니다.

6. 앞일 내다보기

 상서롭지 않은 꿈 또한 상서로운 꿈처럼 여러 가지 양상으로 나타납니다. 크게 보아 상서로운 꿈과 반대 양상일 때 그것은 악몽입니다.

 꿈 속에서 돼지·개·당나귀·고양이·여우 같은 동물, 남루한 옷을 입은 난쟁이, 재를 뒤집어쓰고 있는 발가벗은 흑인, 생김새가 흉악하고 커다란 칼을 들고 있는 사람, 허약하고 창백해 보이는 어린아이, 키와 몸집이 큰 벌거벗은 사람을 보게 되면 곧 마음이 불안해집니다. 그들을 만나 얘기를 나누거나 그들이 자기를 괴롭히는 꿈은 아주 상서롭지 못한 징조입니다.

 맹수나 병사가 쫓아오는 꿈, 전쟁터나 경기장에서 크게 지는 꿈, 마귀가 날뛰며 노래 부르고 춤추는 꿈, 소경·절름발이·곱사등이와 이야기하는 꿈은 수행 도중에 장애를 만났음을 뜻합니다.

 꿈 속에서 더러운 음식물을 입에 머금고 있는 장면, 온몸에 벌레가 기어다니는 장면, 흉악한 이리가 뛰어오르는 장면이 보이면, 질병에 걸리기 쉽습니다.

6. 앞일 내다보기

 감옥에 들어가는 꿈, 깊은 동굴로 떨어지는 꿈, 우박덩어리가 쏟아지는 꿈, 화살이 몸에 꽂히는 꿈 따위는 다른 사람의 저주를 받는 것을 뜻합니다.

 말라 버린 우물, 해골 바가지, 뼈 무더기, 다 쓰러져 가는 위태로운 집이나 폐허가 꿈에 보이면, 도깨비의 재액을 받게 된다는 뜻입니다.

 하늘 끝이 까맣거나, 해 또는 달이 떨어지거나, 바람이 불고 비가 내리치거나, 큰물이 나서 마구 넘치거나, 불이 걷잡을 수 없이 마구 타오르거나, 다 떨어진 옷을 입거나, 사막의 언덕을 오르거나, 당나귀에 올라앉거나, 낙타가 남쪽을 향해 가거나—이것은 죽음의 전조입니다—, 죽은 사람과 술을 마시며 어지러이 춤을 추거나, 험난한 작은 길로 깊이 들어가거나, 높은 산 험한 고개를 걸어 내려가거나, 사지가 잘려 넘어져서 다치는 따위의 꿈은 주어진 수명이 다했음을 뜻합니다.

 악몽을 꾼 뒤에 바로 이어서 상서로운 꿈을 꾸면, 이는 역연逆緣이 순연順緣으로 바뀜을 뜻하는 것으

6. 앞일 내다보기

로 걱정할 필요가 없습니다.

지금까지 이야기한 것을 참고하면 꿈이 상서로운지 아닌지 대체로 판단할 수 있습니다. 그러나 시대가 바뀌고 과학 물질의 수준이 높아짐에 따라 사람들이 일상 생활에서 쓰는 물건 또한 날마다 새로워지고 달라집니다. 이로 말미암아 꿈 속에서 현대의 물건들을 봤을 때 역대 큰스님들이 남긴 기록 속에서는 비슷한 사례를 찾을 수 없습니다. 그래서 낱낱이 해석을 내리기가 아주 어렵습니다. 그러나 「정상신이 명경문征象神異明鏡文」에서 "길흉은 마땅히 추리에 의거해 안다"고 밝힌 것처럼 맥락이 닿는 추리를 통해 같은 유형의 사물을 비교하고 유추해서 꿈의 의미가 무엇인지 대체로 알 수 있습니다.

그런데 추리하고 판단하는 과정에서 반드시 알아야 할 것이 있습니다. 어떤 것들은 겉보기에는 상서롭지만 사실은 그 속에 위기가 깃들여 있습니다. 마찬가지로, 어떤 것들은 겉보기에는 흉험한 꿈이지만 사실은 그 속에 생기가 담겨 있습니다. 꿈을 관찰하는 방법을 제대로 장악해서 응용하지 못한다면, 변수가 다양한 상황 속에서 길흉이 뒤바뀐 잘못된 판단을 할 수 있습니다.

6. 앞일 내다보기

겉보기에는 상서롭지만 실제로는 흉조인 꿈은 이런 것들입니다.

꿈 속에서 곱게 차려입은 아리따운 여인들이 경쾌하게 노래하고 우아하게 춤을 추면서 공손하게 자신을 대하면, 이것은 업력의 과보로 하늘을 나는 악마 여신에게 끌려가리라는 징조로, 생명이 위급합니다. 다만, 여자 성취자를 본존으로 삼아 수행하고 있을 경우에 이 꿈을 꾸면 길조입니다. 죄업을 참회하는 법(懷業法)을 마음 기울여 닦고 있을 때가 아닌데도 꿈 속에서 온통 붉은 꽃으로 뒤덮인 곳에 있거나 온몸이 붉은 꽃으로 치장되어 있는 것은 곧 잔혹하게 살해당하는 재액을 입게 됨을 뜻합니다. 꿈 속에서 튼실한 보루에 앉아 있는 것은 길조입니다. 그러나 높고 험해 보이는 붉은 망루 꼭대기에 앉아 있고, 그 망루가 참호와 성벽에 둘러싸여 있다면, 물에 빠져 죽는 재액이 닥칠 수 있습니다. 꿈 속에서 금이 많이 생기면, 법을 수행하는 기간에는 성취의 징조입니다. 또 수행에 필요한 재물을 구하는 법(財法)을 수행할 때는 재보를 얻을 상입니다. 그러나 일을 처리하는 것과 관련해서는 오래 끌기만 하고 이루어지지 않을 수도 있습니다. 또 꿈에서 시도 때도

6. 앞일 내다보기

없이 금을 보면 그것은 자신의 지위·체면·명예 따위를 망치는 화로 이어지기 일쑤입니다. 꿈에서 은이 많이 생기면, 업을 다스리는 법(息業法)을 닦거나 수행에 필요한 재물을 구하는 법(財法)을 닦을 때는 길조입니다. 그러나 시도 때도 없이 이 꿈을 꾸면 도깨비로부터 위해를 당할 수도 있습니다.

위의 몇 가지 꿈은 언뜻 생각하기에는 상서롭지만, 꿈을 꾸자마자 또는 꿈에서 깨어난 뒤 곧바로 마음이 불안해지고 어지러워지는 것을 느낄 수 있습니다. 이 대목이 바로 이런 꿈들이 흉조임을 보여 주는 것입니다.

겉보기에는 흉험한 것이 실제로는 길조일 경우도 있습니다.

예를 들어 꿈 속에서 토하거나, 피고름을 흘리거나, 큰 불이 에워싸서 자신이 재로 변하여 바람에 날려 없어져 버리는 식의 정경이 나타나면, 업장이 사라지는 것을 뜻합니다. 제 머리를 베어 버리거나, 사람 고기를 날로 먹거나, 몸에 피 칠갑을 하거나, 술을 들이마시거나—주정하지 않아야 합니다—, 머리카락을 자르거나, 몸에서 나온 장腸이 온 마을을

6. 앞일 내다보기

두르거나, 아름다운 소녀와 밤낮으로 함께 자는 꿈 따위는 아주 길합니다. 꿈 속에서 스스로 제 심장을 먹어치우거나, 제 몸의 피를 다 들이마시거나, 몸을 부러뜨려 훼손시키거나, 몸을 안에서 밖으로 뒤집어 버리거나, 오장 육부를 헤쳐 구멍을 내는 것 따위는 한 깨달음을 얻게 됨을 뜻합니다.

이런 꿈들은 겉보기에는 상서롭지 못하지만, 꿈을 꾸거나 꿈에서 깨어난 뒤 곧바로 몸과 마음이 편안해집니다. 이것은 그 꿈이 길조임을 뜻합니다.

이야기를 정리해 보겠습니다. 어떤 꿈을 꾸든 앞에서 말한 원칙을 기준으로 삼아야 합니다. 길조라고 생각한 것이 결코 좋은 것이 아닐 수도 있고, 흉조라고 여긴 것이 결코 나쁜 것이 아닐 수도 있습니다. 예전에 미라래빠 존자가 세 제자에게 이렇게 이른 적이 있습니다.

"강보바, 래충빠(金剛稱), 지광寂光아. 너희 세 사람은 오늘 밤 꿈 속에서 너희의 미래를 보게 해 달라고 기도해라. 내일 아침에 그 내용을 알려 주면 내가 너희의 꿈을 풀어 주겠다."

그 날 밤 세 사람은 스승의 명에 따라 꿈 속에서

6. 앞일 내다보기

앞날을 보게 해 달라고 기원했습니다. 이튿날 아침, 지광이 먼저 존자 앞에 뛰어와서 말했습니다.

"존자여, 밤 사이에 저는 아주 좋은 꿈을 꿨습니다. 동녘에서 솟아오르는 따뜻한 해를 봤습니다. 그 해는 곧바로 저의 마음속으로 녹아들었습니다."

그 다음에 래충빠가 말했습니다.

"저는 커다란 골짜기 세 곳에서 크게 소리를 질렀습니다."

마지막으로 강보바는 울상이 되어 애달프게 말했습니다.

"저는 아주 나쁜 꿈을 꾸었습니다."

"꿈이 좋은지 나쁜지는 함부로 말하기 어렵다. 내용에 신경 쓰지 말고 얘기해 봐라."

존자의 말에 강보바 대사가 입을 열었습니다.

"꿈 속에서 온갖 중생을 봤습니다. 저는 명맥을 끊은 뒤 그들의 기운을 몽땅 빨아들였습니다. 그 꿈으로 보아 저는 악업이 몹시 무거운 죄인임에 틀림없습니다."

존자는 강보바 대사를 위로했습니다.

"강보바, 나의 아들아. 슬퍼하지 말거라. 너의 손을 내밀어라."

6. 앞일 내다보기

　존자는 제 손으로 강보바의 손을 꽉 잡고 말을 이었습니다.

　"나는 너에 대한 희망이 가득하다. 너는 나를 실망시키지 않는구나. 숱한 중생이 너에게 의지해 윤회 속에서 해탈을 얻을 것이다. 반드시 기대하는 대로 이루어지리라 믿는다. 몸이 늙어 어찌할 수 없는 시점에서 너와 같은 아들을 하나 얻었다. 이제 비로소 불법 앞에서 내가 할 바를 다 했구나."

　그런 다음 지광에게 이렇게 말했습니다.

　"너의 꿈은 그저 평범할 뿐이구나. 너의 발심이 너무 작아서 널리 중생을 이롭게 하는 사업은 할 수 없겠다. 그러나 너는 다음 생에 불국 정토에 갈 수 있다."

　마지막으로 존자는 래충빠에게 말했습니다.

　"너는 고집이 센 나머지 내 말을 세 번이나 어겼다. 이런 까닭에 너는 세 물줄기가 흐르는 골짜기에서 태어나 삼세에 이름을 널리 떨치는 불학 박사가 되었다가, 그 뒤에나 뜻한 바를 이룰 것이다."

7. 마음 모아 기도하기

앞으로 생길 일을 미리 알고 싶다면, 여기에 소개하는 몇 가지 수련법 가운데 알맞은 것을 골라서 마음을 모아 기도해 보십시오.

앞으로 생길 일을 미리 알고 싶다면, 여기에 소개하는 몇 가지 수련법 가운데 알맞은 것을 골라서 마음을 모아 기도해 보십시오.

문수 용사 기몽법文殊勇士祈夢法
목욕 재계하고 나서 조용한 곳에 자리잡고 마음을 모아 다음의 주문을 외웁니다.

"옴 타빠나 뿌샤저나 만저예소허."

이 주문을 염송할 때는 반드시 일만 번을 채워야 합니다. 잠들기 전에 백팔 번을 염송하고, 초약草藥인 목향木香에 입김을 불어 넣은 다음, 목향을 발바닥에 바르고 편안하게 잠자리에 듭니다. 이 방법대로 하면 꿈 속에서 알고자 하는 일의 징조를 보게 됩니다.

관세음 보살 기몽법觀世音菩薩祈夢法
먼저 관세음 보살 존상 앞에 공물을 갖다 놓고 다음의 주문을 외웁니다.

7. 마음 모아 기도하기

"옴머저러 소하 무하나소하 탄더러소하."

이 주문도 반드시 일만 번을 채워야 합니다. 잠들기 전에 백팔 번을 염송하고, 한 사발 맑은 물에 입김을 불어 넣은 다음, 물로 얼굴을 씻고 기원하는 마음을 안은 채 편안하게 잠자리에 듭니다. 꿈 속에서 관세음 보살이 예시를 내려 줄 것입니다.

찰찰 비구 기몽법紮擦比丘祈夢法

다달이 초하루가 되면 가슴에 경외감을 품습니다. 그 날은 몸과 마음을 깨끗이 한 뒤, 파와 마늘이며 술과 고기를 피하고, 정오가 지나면 금식합니다.

고요한 곳에 있는 깨끗한 방을 고른 뒤, 불상과 불탑—반드시 안에 사리가 보관되어 있는 탑—에 정성스럽게 공양을 드리고, 다섯 가지 공양물 곧 음식·꽃·물·등·향을 차려 놓습니다. 아홉 무더기의 쌀을 놓고, 만찰曼紮—복을 짓기 위해 불보살에게 공양 올리는 밀교 수행법—을 수행해 청정한 불대佛台 위에 바칩니다. 칠지 공사七支供詞—만찰 수행 때 외우는 염불—를 외웁니다. 부처님의 보살핌을 기원해 수행의 장애를 없앱니다. 귀신에게 음식을

7. 마음 모아 기도하기

차려 놓습니다. 앞에 부처님과 불법을 보호하는 선신 무리가 모여 있다고 상상합니다. 경건하고 정성스럽게 기도하고, 주문을 외웁니다.

"뿌다저러 게소하."

이 주문은 반드시 오전에 일만 번을 염송해야 합니다. 오후에 다시 일만 번을 염송하면 더 좋습니다. 잠자리에 들 때, 이 주문을 백팔 번 염송합니다. 몸과 말과 뜻을 모아 경건하고 정성스럽게 부처님께 절을 올립니다. 그 뒤 간절한 마음으로 꿈을 꾸게 해 달라고 비는데, 세 번 또는 일곱 번 기원합니다. 그러고는 편안하게 잠에 빠져들도록 합니다.

이런 수행을 할 때에는 그 때마다 오로지 한 가지 일만 추구해야 합니다.

위에서 말한 세 가지 수련법을 행할 경우, 중·상근기中上根機의 수행자는 일정한 선정 상태에서 수행하면 곧바로 원하는 장면을 볼 수 있습니다. 아직 선정에 이를 능력이 없는 일반인은 조금 다른 정도의 징조를 꿈 속에서 볼 수 있습니다.

8. 재난 막기

평소에 꾸곤 하는 악몽은 그다지 놀랄 만한 일도 아니고,
그런 꿈을 꾸었다고 당황할 필요도 없습니다.
그러나 조건이 갖추어진 상태에서 흉험한 꿈을 꾸었다면,
미리 손을 써서 재앙을 막거나 물리쳐야 합니다.

평소에 꾸곤 하는 악몽은 그다지 놀랄 만한 일도 아니고, 그런 꿈을 꾸었다고 당황할 필요도 없습니다. 그러나 앞에서 말한 다섯 항목의 전제 조건이 갖추어진 상태에서 흉험한 꿈을 꾸었다면, 미리 손을 써서 재앙을 막거나 물리쳐야 합니다.

재난을 가라앉히는 몇 가지 방법을 소개합니다.

염광 불모 총지주焰光佛母總持呪
이렇게 염송합니다.

"나무사만다 쁘다낭 아자더하다 샤사나낭 옴 카카카허카허 훔훔줘라줘라 잔줘라잔줘라 디차디차 파더파더 사얼와더르나마더 더르수나 신당거러소하."

이 총지주는 문수 보살이 설한 교리를 모은 밀교의 경전 「문수 근본속文殊根本續」과 선대의 성자들이 후세를 위해 숨겨 둔 가르침인 「복장 밀법伏藏密法」에서 나온 것입니다. 수행자는 반드시 온 정성을 다해 이 주문을 염송해야 합니다.

8. 재난 막기

사면 불모 양재법獅面佛母禳災法

꿈의 징조가 몹시 흉악하다면, 잠에서 깨자마자 얼른 몸을 일으킨 뒤, 얼굴을 잠자리 끄트머리로 향한 채 편안하게 앉습니다.

스스로 자기가 재앙을 막는 왕인, 짙은 남빛 몸을 한 사면 불모라고 상상합니다. 이어서 오른손에 하늘과 달이, 왼손에 땅과 해가, 두 손 사이에 흉조와 마장이 있다고 상상합니다.

다음의 주문과 회차문回遮文을 염송합니다.

"옴 뭐무뭐무 터무터무 뭐란무 터무소하."

회차문: 이 흉악한 징조를 돌려 막아 마장을 제압하는 바라.

"둬둬(박수) 응줴오응줴오(박수) 제르제르(박수)."(이것을 세 번 합니다.)

손뼉을 치면서 모든 흉조와 마장을 부수어 버립니다.

8. 재난 막기

십사자 진언 양재법十四字眞言禳災法

꿈의 징조가 몹시 흉악하다면, 잠에서 깨자마자 얼른 몸을 일으킨 뒤, 웃옷을 반대로 걸쳐 입고 염주를 반대 방향으로 돌리며 수를 헤아립니다. 다음의 주문을 염송합니다.

"아가사마라자샤다라사마라야파더."

이 주문은 스물한 번 또는 백팔 번을 염송합니다.

회차문: 이 흉악한 징조를 돌려 막아 마장을 제압하는 바라.

이렇게 염송하며 손뼉을 몇 차례 칩니다.
정성을 다해 이 수련법을 행하면 재난을 막고 흉조를 길조로 바꿀 수 있습니다. 그래서 다음부터는 꿈 속에서 상서로운 징조가 나타나게 됩니다.

9. 맺음말

우리는 왜 꿈의 비밀을 파헤쳐야 할까요?
그것은 우리 눈앞에서 벌어지는 온갖 일이 알고 보면
모두 꿈과 관련되어 있기 때문입니다. 기쁜 일이든
즐거운 일이든, 슬픈 일이든 화나는 일이든, 사람들의 말과
행동은 이래저래 꿈의 범위를 벗어날 수 없습니다.
그러므로 인생이라는 것은 그저 깊고 단단한 꿈에
지나지 않는다고 말할 수 있습니다.

지금까지 꿈의 신비에 관해 몇 가지 이야기를 나누었습니다.

먼저, 첫 장 '꿈은 어떻게 만들어지나'에서는 꿈을 만들어 내는 요소와 꿈의 얼개에 관해 다루었습니다. 꿈을 알아차리고 꿈을 바꾸기 위해서 어떻게 수련해야 하는지는 다음 장 '꿈을 어떻게 다스릴까'에서 얘기했습니다. 그 다음에는, 심오한 꿈 수련의 세계를 더 가까이 느낄 수 있도록 꿈에 얽힌 몇 가지 경험담을 소개했습니다. 그 속에는 덕 높은 큰스님들의 실제 체험이 담겨 있습니다. 이어서, 꿈 다스리기의 응용 범위를 확대해 보았습니다. 꿈을 통해 전생을 알아보는 '전생으로 가기'와 꿈 속에서 앞으로 생길 일의 징조를 찾아보는 '앞일 내다보기'가 바로 그것입니다. 뒷부분에는 수행자들이 저마다 처해 있는 특수한 상황을 고려해서, 앞일을 내다보고 위험한 지경에서 벗어나도록 하기 위해 '마음 모아 기도하기'와 '재난 막기'를 실었습니다. 저는 이런 큰 틀 안에서 제가 가진 모든 능력을 다해 꿈에 관한 이야기를 펼쳤습니다.

우리는 왜 꿈의 비밀을 파헤쳐야 할까요? 그것은

9. 맺음말

우리 눈앞에서 벌어지는 온갖 일이 알고 보면 모두 꿈과 관련되어 있기 때문입니다. 기쁜 일이든 즐거운 일이든, 슬픈 일이든 화나는 일이든, 사람들의 말과 행동은 이래저래 꿈의 범위를 벗어날 수 없습니다. 그러므로 인생이라는 것은 그저 깊고 단단한 꿈에 지나지 않는다고 말할 수 있습니다.

어차피 꿈일 수밖에 없는 인생은 우리가 잠든 사이에 저절로 꿈을 만들어 냅니다. 이렇게 잠든 사이에 일어나는 꿈 속에서 우리는 비로소 인생이라는 꿈의 신비를 찾을 수 있습니다. 우리는 마땅히 꿈 수련법을 이용해 내면에 있는 아름다운 인생의 꿈을 찾아야 합니다.

이 얇고 보잘 것 없는 책을 내면서, 저는 참마음으로 기원합니다.

속세의 모든 사람이 심령의 그릇된 곳에서 벗어나고,
생명에 대한 무지를 버리고,
마음의 상처를 치유하고,

9. 맺음말

본래의 순수와 청결을 되찾고,

생명이 본디 갖고 있는 자비의 무한 가치를 창조하고,

사회를 맑히는 데 기꺼이 나서고,

중생을 이롭게 하고,

끝으로, '광명 꿈'을 이용해 크나큰 원만함의 드높은 경지에 이르고,

비길 데 없는 성취를 하시기 바랍니다.

길상 원만 吉祥圓滿.

옮긴이의 말

한때 티베트 성자들의 초능력과 그 신비로움에 사로잡힌 적이 있습니다.「히말라야의 성자를 찾아서」라는 책을 읽고 나서의 일이었지요. 그 때는 마냥 티베트로 달려가고만 싶었습니다. 어쩌면 여러분 가운데서도 티베트 스님이 쓴 이 책을 집어 들고, 더구나「꿈―삶과 죽음을 바라보는 티베트 사람들의 지혜」라는 제목을 보고서, 어떤 초능력과 신비로움이 녹아든 이야기가 담겨 있으리라는 기대를 품게 되는 분들이 있을지 모르겠습니다.

물론, 이 책 속에는 꿈을 통해 전생을 돌아보고, 꿈을 통해 앞날을 미리 알아보는 식의 신비스러운 이야기가 많이 담겨 있습니다. 꿈을 다스려서 마음의 상처를 낫게 하고, 사는 동안 겪는 갖가지 어려움을 이겨 내며, 궁극의 경지인 해탈에 이르게 하는 꿈 수행 방법도 아울러 들어 있습니다. 이 모든 것은 티베트 불교에서 오래 전부터 전해 내려오는 아주 귀중한 기록이자 가르침입니다. 따라서 이 책은

옮긴이의 말

꿈의 얼개와 뜻, 그 풀이에 관심이 있거나 꿈 현상의 수수께끼를 연구하는 분들에게 많은 도움과 영감을 안겨 주리라 생각합니다.

다만, 우리가 티베트 불교의 가르침을 통해 어떤 초능력과 초월을 바란다면, 그 마음이 어디에서 비롯되는 것인지 돌아볼 필요가 있지 않을까 싶습니다. 초능력이든 초월이든 그런 것을 추구하는 마음속에는 남보다 무언가 우월해지고 싶어하는 우리네 중생의 욕망이 깔려 있는 것은 아닐까요. 그리고 남보다 우월해지고 싶어하는 마음속에는 그 우월함이 행복과 만족을 보장해 준다는 그릇된 관념이 깃들여 있는 것 같습니다.

단정자쳐 스님 또한 이 책 「꿈」에서 같은 맥락의 걱정을 내비칩니다. 그래서 스님은 수행하는 이들에게 더 경계의 말을 던집니다. 티베트 불교의 꿈 수행 방법을 실천해 나가는 과정에서 초능력이 나타날 수도 있지만, 그렇다고 스스로 우쭐하거나 자랑하면 그것이 오히려 닦는 데에 장애가 된다고 말입니다.

또 하나, 만약 여러분이 이 책을 보고, 티베트 불교의 가르침이 미신에 물들어 있고 비과학적이라며

옮긴이의 말

내치고 싶은 마음이 일어난다면, 그 마음 또한 어디에서 비롯되는지 살펴볼 필요가 있습니다. 어쩌면 티베트 불교를 미신이라고 몰아치는 그 마음은, 우리의 인식 능력에 대한 성찰이 모자라는 데에서 나오는 것일지도 모릅니다.

알다시피, 갈릴레오 갈릴레이는 지구가 둥글다고 말했다가 종교 재판에 불려 나간 적이 있습니다. 그때 사람들의 인식 능력, 곧 과학 수준으로는 지구가 둥글다는 사실을 받아들일 수가 없었기 때문입니다. 마찬가지로 티베트 불교의 가르침이 오늘 우리의 눈에는 이해가 가지 않는 점이 많다고 하더라도, 그 까닭이 우리의 인식 능력이 거기에 미치지 못하기 때문일 가능성은 얼마든지 있습니다. 인식 범위를 넘어서는 일에 관해 우리는 "그게 정말 가능한 건지 잘 모르겠다"고 말할 수는 있어도, "그건 말도 안 돼"라고 쉽게 단정할 수는 없는 노릇입니다. 인식 범위 밖의 일을 인식 범위 안에서 어떻게 평가할 수 있겠습니까.

이 책을 내놓으면서 옮긴이로서의 저의 바람은 우리 나라 사람들이 티베트 불교에 관해 너무 조급하게 엉터리 그림을 그리지 말았으면 한다는 것입

옮긴이의 말

니다. 당장 끌리는 부분이 있더라도 그것이 무엇인지, 왜 끌리는지 숙고해 보고, 거북한 부분이 있더라도 역시 그것이 무엇인지, 왜 거북한 느낌이 드는지 곰곰이 삭여 보는 시간을 가질 때, 티베트 불교의 정수가 온전히 우리 속으로 스며들 수 있으리라 생각합니다.

끝으로, 이 책의 번역을 맡겨서 제게 성찰의 시간을 갖게 해 주신 지엄 스님과, 이 책의 출판을 맡아 준 '호미' 여러분에게 각별한 감사의 마음을 전합니다.

2003년 5월 중국 난징에서
성진용